PAQUETAGES

L'un des plus grands avantages de la programmation en Python réside dans l'immense variété de logiciels déjà écrits, que vous pouvez utiliser et exploiter dans vos propres développements. Une ou deux lignes de code suffisent pour installer ou désinstaller la plupart de ces paquetages. Ces deux cartes vous montrent comment procéder.

INSTALLATION DE PAQUETAGES

- Qu'est-ce qu'un paquetage ?
- Qu'est-ce qu'une bibliothèque ?
- Qu'est-ce que pip ?
- Comment installer des paquetages Python ?

Un *paquetage* (ou *package*) est un dossier qui contient des modules. Un paquetage structuré en vue d'un partage est souvent appelé une *bibliothèque*. L'installation d'un paquetage donne accès à toutes ses fonctions et à son code.

L'outil pip, qui est inclus dans toutes les versions actuelles de Python, permet d'installer des paquetages Python.

Pour installer un paquetage avec pip, exécutez pip comme un module avec le nom du paquetage :

```
$ python -m pip install --user requests
```

```
Collecting requests
--etc.--
Installing collected packages: requests
Successfully installed requests-2.18.4
```

Le drapeau -m exécute pip en tant que module. Le drapeau --user (utilisateur) installe le paquetage uniquement pour l'utilisateur courant. L'argument requests correspond au nom du paquetage à installer.

Vous voyez alors défiler le téléchargement du paquetage, l'affichage du téléchargement de toutes les dépendances nécessaires, la confirmation de l'installation et enfin la version installée.

DÉSINSTALLATION DE PAQUETAGES PYTHON

- Comment désinstaller un paquetage Python ?

Pour désinstaller n'importe quel paquetage Python, utilisez encore pip :

```
$ python -m pip uninstall requests
```

```
Uninstalling requests-2.18.4:
--etc.--
Proceed (y/n)? y
    Successfully uninstalled requests-2.18.4
```

Vous voyez alors une liste de tous les paquetages liés à désinstaller : entrez **y** (oui) pour continuer. Un message confirme la désinstallation. Il n'est pas nécessaire d'utiliser le drapeau --user.

CLASSES

Les classes sont au cœur de la programmation orientée objet. Elles permettent de stocker à la fois des informations et des actions à effectuer sur ces informations. La maîtrise des classes vous permettra d'écrire du code qui modélise à peu près tout ce qui existe dans le monde réel.

À PROPOS DES CLASSES

- Qu'est-ce qu'une classe ?
- Qu'est-ce qu'un attribut ?
- Qu'est-ce qu'une méthode ?
- Comment définir une classe ?

Une *classe* organise du code qui associe des données et des actions. Pour utiliser une classe, il faut créer une *instance* de la classe. Un *attribut* est une variable associée à une classe et une *méthode* est une fonction associée à une classe.

Voici une classe qui représente un sentier, par exemple un sentier de randonnée, avec deux attributs, self.dest et self.long, ainsi qu'une méthode, init () :

```
class Sentier():
    """Une classe pour representer des sentiers."""

    def __init__(self, dest, long=0):
        self.dest = dest
        self.long = long
```

Par convention, les noms des classes en Python commencent généralement par une majuscule. Lors de la création d'une instance d'une classe, sa méthode __init__() s'exécute automatiquement. Dans ce code, __init__() exige un argument, dest, et possède un paramètre facultatif, long.

Le premier paramètre, self, fait référence à l'instance courante de la classe. Le fait d'associer les valeurs dest et long à self les rend accessibles à toutes les méthodes de la classe et à toute instance de la classe.

MÉTHODES

- Comment définir une méthode ?
- Comment créer une instance d'une classe ?

Après avoir défini une classe, vous pouvez ajouter des *méthodes* qui permettent d'effectuer des actions à l'aide de cette classe.

La méthode suivante génère une description d'un sentier et affiche cette description :

```
class Sentier():
    """Une classe pour representer des sentiers."""

    def __init__(self, dest, long=0):
        self.dest = dest
        self.long = long

    def decrire_sentier(self):
        """Afficher une description du sentier."""
        desc = f"Ce sentier va a {self.dest}."
        if self.long:
            desc += f"\nLe sentier fait {self.long} km."
        print(desc)
```

À chaque méthode, une référence à l'instance de la classe, self, est automatiquement envoyée, de sorte que chaque méthode doit contenir ce premier paramètre. Ensuite, la méthode peut utiliser tout attribut issu de la classe. Dans ce code, la description comprend la destination du sentier et sa longueur si elle est précisée.

CRÉATION D'INSTANCES

- Comment créer une instance d'une classe?
- Comment accéder à la valeur d'un attribut par le biais d'une instance?
- Comment utiliser une instance pour appeler des méthodes?

Pour utiliser les attributs et les méthodes d'une classe, vous devez créer des instances, ou *objets*, à partir de la classe. La classe définit un ensemble de valeurs et d'actions représentant n'importe quel sentier. Une *instance*, en revanche, est un ensemble spécifique de valeurs qui représentent un sentier bien déterminé.

Ici, nous créons une instance de Sentier et appelons la méthode decrire_sentier() :

```
verdon = Sentier("Basses Gorges du Verdon", 10)
print(f"Destination : {verdon.dest}")
verdon.decrire_sentier()
```

Indiquez le nom de la classe et ajoutez tous les arguments nécessaires à la méthode __init__(). Vous affectez l'instance à une variable, puis vous pouvez accéder aux attributs et appeler les méthodes à l'aide de la notation par points.

Voici le résultat :

```
Destination : Basses Gorges du Verdon
Ce sentier va a Basses Gorges du Verdon.
Le sentier fait 10 km.
```

AJOUT DE MÉTHODES

- Comment définir une classe avec plusieurs méthodes ?

Une classe peut posséder autant de méthodes que nécessaire.

La version suivante de la classe Sentier comporte la définition d'une deuxième méthode :

```
class Sentier():
    """Une classe pour representer des sentiers."""
        --etc.--


    def jogging_sur_sentier(self):
        """Simuler la course sur le sentier."""
        print(f"Jogging sur le sentier {self.dest}.")
```

Chaque méthode reçoit le paramètre self qui lui donne accès à tous les attributs de la classe.

Ici, nous créons une instance qui représente un sentier précis et appelons les deux méthodes :

```
verdon = Sentier("Basses Gorges du Verdon", 10)
verdon.decrire_sentier()
verdon.jogging_sur_sentier()
```

Voici le résultat :

```
Ce sentier va a Basses Gorges du Verdon.
Le sentier fait 10 km.
Jogging sur le sentier Basses Gorges du Verdon.
```

INSTANCES MULTIPLES

- Comment créer plusieurs instances à partir d'une classe ?

Vous pouvez créer autant d'instances que nécessaire à partir d'une classe.

Ici, la même classe génère deux sentiers :

```
verdon = Sentier("Basses Gorges du Verdon", 10)
verdon.decrire_sentier()
verdon.jogging_sur_sentier()

om = Sentier("Ocres de Mormoiron", 11)
om.decrire_sentier()
om.jogging_sur_sentier()
```

Voici le résultat :

```
Ce sentier va a Basses Gorges du Verdon.
Le sentier fait 10 km.
Jogging sur le sentier Basses Gorges du Verdon.
Ce sentier va a Ocres de Mormoiron.
Le sentier fait 11 km.
Jogging sur le sentier Ocres de Mormoiron.
```

Chaque instance entretient son propre jeu d'attributs.

HÉRITAGE

- Qu'est-ce que l'héritage ?
- Qu'est-ce qu'une classe parente ?
- Qu'est-ce qu'une classe enfant ?
- Comment utiliser l'héritage ?

Grâce à l'*héritage*, vous pouvez créer une nouvelle classe qui hérite des attributs et méthodes de la classe originale.

Créons une classe pour représenter un sentier de VTT : sa *classe parente* est Sentier et la *classe enfant* est SentierVTT.

Pour définir une classe enfant, créez-la comme une classe normale, mais insérez le nom de la classe parente entre parenthèses :

```
class SentierVTT(Sentier):
    """Represente un sentier de VTT."""

    def __init__(self, dest, long=0):
        super().__init__(dest, long)
        self.pavee = True
        self.velos_seuls = True
```

La méthode __init__() de la classe enfant doit souvent appeler la méthode __init__() de la classe parente à l'aide de super().

La fonction super() fait référence à la classe parente et permet ainsi d'appeler les méthodes de la classe parente.

La classe enfant peut bien entendu définir des attributs supplémentaires qui lui sont propres. Par exemple, l'attribut self.velos_seuls indique si le sentier est fermé aux autres usagers que les cyclistes.

MÉTHODES DE CLASSE ENFANT

- Comment écrire une nouvelle méthode pour une classe enfant ?

Une *classe enfant* peut définir ses propres méthodes, ce qui permet de lui donner les comportements manquant dans la classe parente.

La nouvelle méthode rouler_sur_sentier() de la classe SentierVTT affiche simplement un message qui n'est pertinent que pour une randonnée en VTT :

```
class SentierVTT(Sentier):
    """Represente un sentier de VTT."""

    def __init__(self, dest, long=0):
        --etc.--

    def rouler_sur_sentier(self):
        """Simule le parcours en roulant sur le sentier."""
        print(f"Rouler sur {self.dest}.")

rando_vtt = SentierVTT("La Lambescaine", 41)
rando_vtt.rouler_sur_sentier()
```

Voici le résultat :

```
Rouler sur La Lambescaine.
```

SURCHARGE DE MÉTHODES DE LA CLASSE PARENTE

- Comment une classe enfant peut-elle modifier le comportement d'une méthode de sa classe parente ?

Une *classe enfant* peut personnaliser le comportement des méthodes de sa classe parente à l'aide de super() pour accéder à ces méthodes.

La classe SentierVTT suivante modifie le comportement de la méthode jogging_sur_sentier() :

```
class SentierVTT(Sentier):
    """Represente un sentier de VTT."""

    def __init__(self, dest, long=0):
        --etc.--

    def jogging_sur_sentier(self):
        """Simuler la course sur le sentier."""
        if self.velos_seuls:
            print("Ce sentier vous est interdit !")
        else:
            super().jogging_sur_sentier()

rando_vtt = SentierVTT("La Lambescaine", 41)
rando_vtt.jogging_sur_sentier()
```

La méthode vérifie en premier lieu si ce sentier est réservé aux VTT, auquel cas elle affiche un message approprié :

```
Ce sentier vous est interdit !
```

Si le sentier accepte les joggeurs, la méthode appelle la méthode parente jogging_sur_sentier() et hérite ainsi du comportement d'un Sentier normal.

STOCKAGE DE CLASSES DANS DES MODULES

- Comment stocker une classe dans un module?
- Comment importer une classe d'un module?
- Comment utiliser une classe importée?

Vous pouvez stocker des classes dans des modules et les importer de la même manière que les fonctions.

Ici, nous stockons les classes Sentier et SentierVTT dans le fichier *sentiers.py*:

```
class Sentier():
    """Une classe pour representer des sentiers."""
    --etc.--

class SentierVTT(Sentier):
    """Represente un sentier de VTT."""
    --etc.--
```

Dès lors, nous pouvons importer ces classes dans un autre programme :

```
from sentiers import Sentier, SentierVTT

verdon = Sentier("Basses Gorges du Verdon", 10)
rando_vtt = SentierVTT("La Lambescaine", 41)
```

Utilisez la notation par points après avoir importé le module entier :

```
import sentiers

verdon = sentiers.Sentier("Basses Gorges du Verdon", 10)
rando_vtt = sentiers.SentierVTT("La Lambescaine", 41)
```

N'hésitez pas à utiliser des alias quand vous importez des classes. Stockez vos classes pour mieux structurer votre code et rendre les classes accessibles à d'autres programmes.

PASSAGE D'ARGUMENTS

- Qu'est-ce qu'un paramètre ?
- Qu'est-ce qu'un argument ?
- Comment écrire une fonction qui prend des informations ?
- Comment passer des arguments aux fonctions ?

Un *paramètre* est une information dont la fonction a besoin pour s'exécuter. Un *argument* est une valeur transmise à une fonction.

Pour définir les paramètres d'une fonction, placez-les à l'intérieur des parenthèses dans la définition de la fonction.

La définition suivante crée une fonction salut() qui nécessite une donnée nom :

```
def salut(nom):
    """Accueillir une personne par son nom."""
    print(f"Bonjour, {nom} !")
```

Pour s'exécuter, cette fonction nécessite un argument de nom, qu'elle stocke dans la variable nom et qu'elle utilise pour appeler print().

Pour passer un argument à une fonction, insérez une valeur entre les parenthèses au moment de l'appel à la fonction :

```
salut("Henri")
```

L'argument fournit une valeur au paramètre nom, ce qui permet à la fonction salut() de générer un message d'accueil personnalisé :

```
Bonjour, Henri !
```

Les termes *paramètre* et *argument* sont parfois utilisés de manière interchangeable.

FONCTIONS

Les fonctions permettent de définir un ensemble d'actions, qu'il est possible de répéter ensuite à tout moment en appelant le nom de la fonction dans le code. Lors de la création d'une fonction, vous pouvez spécifier exactement les informations nécessaires à son fonctionnement, et votre fonction peut renvoyer exactement les valeurs dont vous avez besoin.

L'emploi de fonctions contribue à écrire du code bien organisé, concis et facile à manipuler.

À PROPOS DES FONCTIONS

- Qu'est-ce qu'une fonction ?
- Comment définir des fonctions ?
- Comment appeler des fonctions ?

Une *fonction* est un bloc de code auquel vous donnez un nom en vue de le réutiliser. L'appel de son nom exécute tout le bloc de code que cette fonction contient.

Voici une fonction sur une ligne qui affiche un message d'accueil :

```
def salut():
    """Accueillir tout le monde."""
    print("Bonjour, tout le monde !")
salut()
```

Pour créer une fonction, *définissez*-la avec le mot-clé def, suivi du nom de la fonction, d'une paire de parenthèses et d'un deux-points à la fin.

La ligne suivante est une chaîne de documentation *(docstring)* : une brève description de la fonction entre triples guillemets.

Le *corps* de la fonction contient le code Python qui s'exécute lorsque vous appelez la fonction. Le corps n'a pas de limite en nombre de lignes et doit être indenté par rapport à la définition de la fonction.

Pour *appeler* une fonction, utilisez le nom de la fonction suivi d'une paire de parenthèses. Voici le résultat de l'appel de la fonction salut() :

```
Bonjour, tout le monde !
```

ARGUMENTS POSITIONNÉS

- Que sont les arguments positionnés ?
- Comment utiliser des arguments positionnés dans un appel de fonction ?
- Que se passe-t-il si les arguments positionnés sont passés dans un ordre incorrect ?

Lorsqu'une fonction a besoin de plusieurs valeurs, ces dernières doivent correspondre aux paramètres qu'elle attend. Avec les *arguments positionnés*, c'est-à-dire placés dans l'ordre des valeurs reçues, la fonction fait correspondre la première valeur reçue au premier paramètre, et ainsi de suite.

Voici une fonction qui accepte un message et un nom d'utilisateur pour afficher un texte succinct :

```
def publier_msg(message, utilisateur):
    """Publier un message des utilisateurs."""
    print(f'{utilisateur} : {message}')


publier_msg("Je ne mange pas de viande.", "Guillaume")
publier_msg("Moi non plus.", "Marine")
```

```
Guillaume : Je ne mange pas de viande.
Marine : Moi non plus.
```

L'ordre des arguments doit respecter l'ordre des paramètres de la définition de la fonction, sinon la sortie perd tout son sens :

```
publier_msg("Guillaume", "Je ne mange pas de viande.")
```

Ici, les valeurs utilisateur et message ont été interverties :

```
Je ne mange pas de viande. : Guillaume
```

ARGUMENTS POSITIONNÉS EN NOMBRE ARBITRAIRE

- Comment écrire une fonction qui accepte un nombre arbitraire d'arguments positionnés ?
- Comment appeler une fonction qui accepte un nombre arbitraire d'arguments positionnés ?

Un astérisque (*) devant un nom de paramètre permet à une fonction de recevoir un nombre arbitraire d'arguments positionnés. Utilisez-le quand vous ne savez pas combien d'arguments la fonction va recevoir.

La fonction suivante accepte un nom d'utilisateur et le nombre de messages que l'utilisateur publie. Les arguments constituent un tuple :

```
def publier_messages(utilisateur, *msgs):
    """Publier tous les messages des utilisateurs."""
    print(f"{utilisateur} a dit :")
    for msg in msgs:
        print(f" {msg}")


publier_messages('Anne', "Je mange des fruits.",
    "Je mange des legumes.",
    "Je mange de la viande.")
```

Le premier argument doit fournir une valeur au premier paramètre. Le reste est placé dans le tuple `msgs`. Voici le résultat :

```
Anne a dit :
Je mange des fruits.
Je mange des legumes.
Je mange de la viande.
```

Une fonction ne peut avoir qu'un seul paramètre qui collecte un nombre arbitraire d'arguments positionnés.

ARGUMENTS NOMMÉS

- Que sont les arguments nommés?
- Comment utiliser des arguments nommés dans un appel de fonction?

Les *arguments nommés* précisent le paramètre auquel une valeur doit être attribuée, si bien que les arguments peuvent être passés dans n'importe quel ordre.

Dans l'appel de fonction, ajoutez le nom du paramètre et la valeur à affecter à ce paramètre :

```
def publier_msg(message, utilisateur):
    """Publier un message des utilisateurs."""
    print(f'{utilisateur}: {message}')


publier_msg(utilisateur="Luc",
    message="Je ne mange pas de viande.")
```

Python affecte la valeur "Luc" au paramètre utilisateur et la valeur "Je ne mange pas de viande." au paramètre message :

```
Luc : Je ne mange pas de viande.
```

L'ordre des arguments nommés dans un appel de fonction n'a pas d'importance.

ARGUMENTS NOMMÉS EN NOMBRE ARBITRAIRE

- Comment écrire une fonction qui accepte un nombre arbitraire d'arguments nommés ?
- Comment appeler une fonction avec un nombre arbitraire d'arguments nommés ?

Un double astérisque (**) devant un paramètre permet à une fonction d'accepter un nombre arbitraire d'arguments nommés. Utilisez-le quand vous ne savez pas quel genre d'informations la fonction va recevoir.

Un paramètre précédé de ** collecte toutes les paires nom-valeur restant dans l'appel de fonction et les ajoute dans un dictionnaire. Cette fonction accepte un nombre arbitraire d'informations de l'utilisateur :

```
def desc_utilisateur(utilisateur, **desc):
    """Decrire un utilisateur."""
    print(f"Description de {utilisateur}:")
    for cle, valeur in desc.items():
        print(f" {cle}: {valeur}")


desc_utilisateur('antoine', actif=True,
email='antoine@exemple.com',
nbre_publications=578)
```

Le premier argument est l'utilisateur. Ensuite, tous les arguments nommés restants sont placés dans le dictionnaire desc :

```
Description de antoine:
actif: True
email: antoine@exemple.com
nbre_publications: 578
```

Une fonction ne peut avoir qu'un seul paramètre qui collecte un nombre arbitraire d'arguments nommés.

VALEURS PAR DÉFAUT

- Comment affecter une valeur par défaut à un paramètre ?
- Comment appeler une fonction dont un paramètre a une valeur par défaut ?

Définir la *valeur par défaut* d'un paramètre dans une fonction permet à l'appel de la fonction d'utiliser cette valeur par défaut, sauf si une autre valeur est spécifiée avec l'appel.

Voici une fonction qui permet de servir une tasse de café. Vous pouvez préciser le volume de la tasse, mais si vous ne le faites pas, vous aurez une tasse de 20 cl :

```
def cafe(volume=20):
    """Servir une tasse de cafe."""
    print(f"Voici votre cafe de {volume} cl !")


cafe()
cafe(16)
```

Ici, vous obtenez une tasse de café de 20 cl, puis une tasse de 16 cl :

```
Voici votre cafe de 20 cl !
Voici votre cafe de 16 cl !
```

Les valeurs par défaut sont utiles, car elles rendent certains arguments facultatifs.

VALEURS DE RETOUR

- Qu'est-ce qu'une valeur de retour ?
- Comment écrire une fonction qui renvoie une valeur ?

Une fonction renvoie une *valeur de retour* à la ligne qui a appelé cette fonction, afin de pouvoir l'utiliser ultérieurement dans le code. La ligne appelante peut mémoriser cette valeur de retour dans une variable.

La fonction suivante reçoit la largeur et la hauteur d'un rectangle pour en calculer l'aire et la renvoyer :

```
def aire_rect(l, h):
    """Calculer aire de rectangle."""
    aire = l * h
    return aire


mon_aire = aire_rect(5, 4)
print(mon_aire)
```

Après l'appel de la fonction, la valeur de retour est mémorisée dans la variable mon_aire. Voici le résultat :

```
20
```

Vous pouvez renvoyer ainsi n'importe quelle sorte de valeur. Pour renvoyer plusieurs valeurs, placez-les entre parenthèses afin de les renvoyer sous forme d'un tuple.

MODULES

- Qu'est-ce qu'un module?
- Comment créer un module?

Un *module* est un fichier Python qui contient plusieurs fonctions ou classes. En stockant des fonctions dans ce fichier séparé, vous pouvez les appeler dans des programmes, sans devoir écrire à chaque fois le code complet de ces fonctions dans vos programmes.

Voici un module aire_fonctions.py qui contient deux fonctions :

```
"""Fonctions pour calculer des aires."""


def aire_rect(l, h):
    """Calculer aire de rectangle."""
    --etc.--


def aire_cercle(r):
    """Calculer aire de cercle."""
    --etc.--
```

Aucun appel de fonction n'étant présent dans ce fichier, ce code ne peut s'exécuter que si le programme principal l'appelle. Lorsque vous ajoutez ou améliorez des fonctions dans des modules, ces modifications sont immédiatement disponibles pour tous les programmes qui les utilisent.

IMPORTATION DE FONCTIONS

- Comment importer un module entier et utiliser chacune des fonctions de ce module ?
- Comment donner un alias au module au moment de l'importer ?

Utilisez le mot-clé import pour importer un module et accéder à toutes ses fonctions.

Une fois l'importation effectuée, utilisez n'importe quelle fonction du module en indiquant le nom du module, suivi d'un point et du nom de la fonction :

```
import aire_fonctions


mon_aire = aire_fonctions.aire_rect(4, 5)
print(mon_aire)
```

Ce code donne le même résultat que s'il contenait tout le code de la fonction :

```
20
```

Utilisez le mot-clé as au moment de l'importation pour donner au module un alias et effectuer des appels de fonctions plus courts. Ici, nous utilisons af pour aire_fonctions :

```
import aire_fonctions as af


mon_aire = af.aire_rect(4, 5)
print(mon_aire)
```

IMPORTATION DE FONCTIONS SPÉCIFIQUES

- Comment importer une fonction issue d'un module?
- Comment importer plusieurs fonctions d'un module?

Pour importer une fonction spécifique d'un module et non le module tout entier, utilisez from suivi du nom du module, et import suivi du nom de la fonction. Appelez ensuite le nom de la fonction comme si elle était définie dans le programme.

Dans cet exemple, nous importons une fonction à partir du module aire_fonctions de la carte 6.9 :

```
from aire_fonctions import aire_rect


mon_aire = aire_rect(4, 5)
print(mon_aire)
```

Pour importer plusieurs fonctions d'un même module, séparez-les par des virgules :

```
from aire_fonctions import aire_rect, aire_cercle
```

Utilisez un astérisque pour importer en une fois toutes les fonctions d'un module :

```
from aire_fonctions import *
```

Cette dernière opération peut toutefois engendrer des conflits, puisque le nom du module n'est pas précisé au moment de l'appel : une fonction de module risque d'écraser une fonction définie dans le code du programme si elles portent le même nom. Si vous avez besoin de toutes les fonctions d'un module, il est par conséquent préférable d'importer tout le module et d'utiliser un alias.

INSTRUCTIONS CONDITIONNELLES

Les instructions conditionnelles contrôlent le flux d'exécution de votre programme en fonction de conditions que vous spécifiez. Cela permet au code de répondre d'une certaine manière selon ces conditions. Vous pouvez définir n'importe quel ensemble de conditions et écrire du code pour qu'il réponde exactement comme vous le souhaitez.

5.1 À propos des instructions conditionnelles

5.2 Instructions if

5.3 Instructions if-else

5.4 Entrées de l'utilisateur

5.5 Boucles while

5.6 Instructions break et continue

À PROPOS DES INSTRUCTIONS CONDITIONNELLES

- Qu'est-ce qu'une instruction conditionnelle ?
- Qu'est-ce qu'une valeur booléenne ?
- Quels genres de tests logiques peut-on réaliser dans une instruction conditionnelle ?

Une *instruction conditionnelle* vérifie si une certaine condition est vraie avant d'exécuter son code :

```
if prix_camion > 10000:
    print("Trop cher !")
```

Chaque instruction conditionnelle comprend un *test logique* qui évalue une condition pour déterminer si elle est True (vraie) ou False (fausse). Ces valeurs sont des *valeurs booléennes*.

Voici quelques exemples usuels de tests logiques :

age == 21	Égalité
age != 21	Inégalité
age < 21	Inférieur à
age <= 21	Inférieur ou égal à
age > 21	Supérieur à
age >= 21	Supérieur ou égal à
nom == 'jacques'	Égalité de chaînes
nom != 'jacques'	Inégalité de chaînes

Vous pouvez aussi vérifier si un élément existe ou non dans une liste :

```
mon_etat in etats_d_europe
mon_etat not in etats_d_europe
```

INSTRUCTIONS IF

- Comment écrire une instruction if simple ?

Une instruction if comprend un test conditionnel sur une ligne ainsi qu'une instruction ou un bloc d'instructions à exécuter si le test renvoie True :

```
if hauteur_plante < 3:
    print("La laisser dans la serre !")
```

Une instruction if peut également tester une valeur booléenne et exécuter son code si cette valeur vaut True :

```
if jeu_actif:
    print("Jouons !")
```

INSTRUCTIONS IF-ELSE

- Comment écrire une instruction if-else ?
- Comment écrire une suite d'instructions if-elif-else ?

Une instruction if-else contient une instruction if qui s'exécute si la condition est True et une clause else qui s'exécute si la condition est False :

```
if hauteur_plante < 3:
    print("La laisser dans la serre !")
else:
    print("La mettre dehors.")
```

Un bloc if-elif-else comprend une première instruction if, puis une suite de conditions de tests si le premier test échoue, et enfin un bloc else qui s'exécute si tous les autres tests échouent :

```
if hauteur_plante < 3:
    print("La laisser dans la serre !")
elif hauteur_plante < 15:
    print("La mettre dehors.")
else:
    print("Prete pour la recolte !")
```

Un bloc if-elif ne nécessite pas de bloc else. En revanche, s'il est présent, le bloc else doit toujours être le dernier de la série de conditions.

ENTRÉES DE L'UTILISATEUR

- Comment inviter l'utilisateur à entrer des données ?
- Comment utiliser les données saisies par un utilisateur ?

La fonction input() met le programme en pause et attend que l'utilisateur entre une donnée :

```
nom = input("Quel est votre nom ?")
print(f"Bonjour, {nom} !")
```

```
Quel est votre nom ? Henri
Bonjour, Henri !
```

Toutes les données ainsi saisies sont converties en chaîne. Il est donc nécessaire de convertir les données numériques dans le type approprié avant de les utiliser :

```
prix = input("Combien coute ce camion ?")
prix = float(prix)
if prix < 10000:
    print("OK, je le prends.")
```

```
Combien coute ce camion ? 7500.00
OK, je le prends.
```

BOUCLES WHILE

- Qu'est-ce qu'une boucle while ?
- Comment utiliser une liste avec une boucle while ?

Une boucle while (tant que) s'exécute tant qu'une condition est True :

```
num = 0
while num < 3:
    print(num)
    num += 1
```

```
0
1
2
```

Dans le cas d'une liste dont au moins un élément vaut True, la boucle suivante s'exécute jusqu'à ce que la liste soit vide :

```
bogues = ['bogue 1', 'bogue 2', 'bogue 3']
while bogues:
    bogue = bogues.pop(0)
    print(f"Correction du {bogue}.")
print("Tous les bogues sont corriges.")
```

```
Correction du bogue 1.
Correction du bogue 2.
Correction du bogue 3.
Tous les bogues sont corriges.
```

INSTRUCTIONS BREAK ET CONTINUE

- Que fait break dans une boucle ?
- Que fait continue dans une boucle ?

L'instruction break interrompt une boucle lorsqu'une certaine condition se produit :

```
while True:
    nom = input("Quel est votre nom ?")
    if nom == 'quitter':
        break
    print(f"Bonjour, {nom} !")
```

```
Quel est votre nom ? Henri
Bonjour, Henri !
Quel est votre nom ? quitter
```

Le mot-clé continue interrompt la boucle et retourne au début de celle-ci :

```
while True:
    age = input("Quel age avez-vous ?")
    age = int(age)
    if age < 0:
        print("Cela ne veut rien dire !")
        continue
    print(f"{age} ans est un bel age !")
```

```
Quel age avez-vous ? 17
17 ans est un bel age !
Quel age avez-vous ? -5
Cela ne veut rien dire !
Quel age avez-vous ? 5
5 ans est un bel age !
```

DICTIONNAIRES

Les dictionnaires permettent d'établir des liens entre des informations individuelles, par exemple l'abréviation d'un État et son nom complet. Il n'y a pas de limites à la quantité d'informations pouvant être stockées dans un dictionnaire.

Comme avec les listes, vous pouvez utiliser toutes les informations d'un dictionnaire ou seulement une partie. Ces cartes vous expliquent comment créer et utiliser des dictionnaires.

À PROPOS DES DICTIONNAIRES

- Qu'est-ce qu'un dictionnaire ?
- Comment définir un dictionnaire ?
- Comment obtenir des informations à partir d'un dictionnaire ?

PARCOURS D'UN DICTIONNAIRE

- Comment parcourir toutes les clés d'un dictionnaire ?
- Comment parcourir toutes les valeurs d'un dictionnaire ?
- Comment parcourir toutes les paires clé-valeur d'un dictionnaire ?

Lorsque vous parcourez un dictionnaire à l'aide d'une boucle, vous accédez par défaut seulement aux clés (suite de l'exemple de la carte 4.1) :

```
for etat in capitales:
    print(f"Etat : {etat}")
```

```
Etat : CH
Etat : GB
Etat : PL
```

Vous pouvez aussi accéder seulement aux valeurs d'un dictionnaire :

```
for capitale in capitales.values():
    print(f"Capitale : {capitale}")
```

```
Capitale : Berne
Capitale : Londres
Capitale : Varsovie
```

Pour obtenir à la fois les clés et leurs valeurs (les paires clé-valeur), utilisez la méthode items() :

```
for etat, capitale in capitales.items():
    print(f"{capitale}, {etat}")
```

```
Berne, CH
Londres, GB
Varsovie, PL
```

EXEMPLES DE DICTIONNAIRES

- À quoi ressemble un dictionnaire de plusieurs objets similaires ?
- À quoi ressemble un dictionnaire qui représente un seul objet ?

Vous pouvez utiliser un dictionnaire pour représenter une collection de clés-valeurs de structure uniforme, comme dans un glossaire :

```
termes_de_python = {
    'boucle': 'action repetee',
    'liste': 'collection ordonnee',
    'dictionnaire': 'cles et valeurs',
}
```

Dans cet exemple, chaque clé représente un terme et chaque valeur représente une signification.

Une autre utilisation d'un dictionnaire consiste à représenter de l'information pour un seul type d'objet ou de sujet. Le dictionnaire suivant stocke ainsi différentes informations sur un chanteur :

```
c_berry = {
    'prenom': 'Chuck',
    'nom': 'Berry',
    'naissance': '18/10/1926',
    'deces': '18/03/2017',
    'style': 'rock',
}
```

IMBRICATION : UNE LISTE DE DICTIONNAIRES

- Comment stocker un ensemble de dictionnaires dans une liste ?
- Comment utiliser les dictionnaires stockés dans une liste ?

Si un dictionnaire contient différentes informations à propos d'un objet, il peut s'avérer utile de stocker une collection de dictionnaires dans une liste :

```
musiciens = [ ]

e_fitzgerald = {
    'prenom': 'Ella'
    --etc.--
}
musiciens.append(ella)

j_joplin = {
    'prenom': 'Janis',
    --etc.--
}
musiciens.append(janis)
    --etc.--
```

Pour travailler avec ce type de données, bouclez dans la liste en traitant chaque dictionnaire un par un :

```
for musicien in musiciens:
    nom_complet = f"{musicien['prenom']}"
    nom_complet += f"{musicien['nom']}"
    print(nom_complet)
```

```
Ella Fitzgerald
Janis Joplin
```

IMBRICATION : UNE LISTE DANS UN DICTIONNAIRE

- Comment utiliser une liste dans un dictionnaire?
- Comment utiliser une liste stockée dans un dictionnaire?

Une clé d'un dictionnaire peut être associée à une liste de valeurs :

```
etats_visites = {
    'Eric': ['GB', 'PL', 'RO', 'NL'],
    'Julie': ['CH', 'NL', 'SK'],
    --etc.--
}
```

Lors du parcours des éléments, chaque valeur est constituée d'une liste. Pour le parcours, imbriquez une boucle for pour la liste à l'intérieur d'une autre boucle for pour le dictionnaire :

```
for nom, etats in etats_visites.items():
    print(f"{nom} a visite :")
    for etat in etats:
        print(f" {etat}")
```

```
Eric a visite :
    GB
    PL
    RO
    NL
Julie a visite :
    CH
    NL
    SK
```

LISTES ET TUPLES

Les listes vous permettent de stocker en un même endroit de nombreuses informations, autant que vous le souhaitez. Une fois que vous avez défini une liste, vous pouvez utiliser ses éléments individuellement, une partie de la liste ou toutes les informations de la liste en même temps.

En comprenant comment fonctionnent les listes, vous disposerez d'une base solide pour manipuler des types de données plus complexes.

Ces cartes portent sur les listes et les tuples, lesquels sont très proches des listes.

LISTES

- Qu'est-ce qu'une liste?
- Comment définir une liste?
- Comment ajouter, insérer et modifier des éléments dans une liste?

Une *liste* est une collection d'éléments dans un ordre spécifique. Une liste est entourée de crochets.

Vous accédez aux éléments d'une liste par leur position, appelée *indice*, dans cette liste. Le premier élément a toujours l'indice zéro ; un indice négatif donne accès à la liste à partir du dernier élément :

```
>>> voyelles = ['e', 'i', 'o']
>>> voyelles[0]
'e'
>>> voyelles[-1]
'o'
```

Utilisez `append()` pour ajouter des éléments individuels à la fin d'une liste :

```
>>> voyelles.append('u')
>>> voyelles
['e', 'i', 'o', 'u']
```

Utilisez `insert()` pour insérer des éléments à n'importe quelle position indiquée par son indice :

```
>>> voyelles.insert(0, 'a')
>>> voyelles
['a', 'e', 'i', 'o', 'u']
```

Modifiez un élément dans une liste à l'aide de son indice :

```
>>> voyelles[-1] = 'y'
>>> voyelles
['a', 'e', 'i', 'o', 'y']
```

Ici, le dernier élément est remplacé par `y`.

SUPPRESSION D'ÉLÉMENTS DE LISTES

- Comment supprimer un élément d'une liste ?
- Comment supprimer un élément qui a une certaine position dans une liste ?

La méthode remove() supprime un élément spécifique d'une liste :

```
>>> aeroports = ['CDG', 'ORY', 'LIS', 'OPO']
>>> aeroports.remove('LIS')
>>> aeroports
['CDG', 'ORY', 'OPO']
```

Si un élément apparaît plusieurs fois dans la liste, seule sa première occurrence est supprimée.

Le mot-clé del supprime un élément d'une liste se trouvant à une position repérée par son indice :

```
>>> aeroports = ['CDG', 'ORY', 'LIS', 'OPO']
>>> del aeroports[1]
>>> aeroports
['CDG', 'LIS', 'OPO']
```

La méthode pop() supprime et renvoie le dernier élément dans une liste. Elle peut aussi recevoir un indice, auquel cas elle supprime et renvoie l'élément correspondant à cet indice :

```
>>> aeroports = ['CDG', 'ORY', 'LIS', 'OPO']
>>> aeroport = aeroports.pop()
>>> aeroport
'OPO'
>>> aeroport = aeroports.pop(0)
>>> aeroport
'CDG'
```

COPIE D'UNE LISTE

- À quoi sert une copie d'une liste ?
- Comment créer une copie d'une liste ?

Une *copie d'une liste* permet d'utiliser le contenu de la liste copiée sans affecter la liste d'origine.

Pour créer une copie d'une liste, découpez-la sans mentionner les deux indices. Cela génère une découpe du début à la fin de la liste.

```
>>> etats = ['CH', 'GB', 'NL', 'PL']
>>> mes_etats = etats[:]
>>> mes_etats
['CH', 'GB', 'NL', 'PL']
```

Les modifications apportées à la nouvelle liste n'affectent pas la liste d'origine :

```
>>> mes_etats.append('DK')
>>> mes_etats
['CH', 'GB', 'NL', 'PL', 'DK']
>>> etats
['CH', 'GB', 'NL', 'PL']
```

PARCOURS DES LISTES

- Qu'est-ce qu'une boucle for ?
- Comment parcourir une liste ?
- Comment parcourir une partie d'une liste ?

Une boucle for vous permet d'utiliser chaque élément d'une liste, l'un après l'autre.

Utilisez une boucle for pour parcourir tous les éléments d'une liste :

```
etats = ['IRL', 'IND', 'EST', 'AUS']
for etat in etats:
    print(f"Je vais en {etat}.")
```

```
Je vais en IRL.
Je vais en IND.
Je vais en EST.
Je vais en AUS.
```

Parcourez une partie d'une liste en utilisant une découpe :

```
for etat in etats[:2]:
    print(f"Je suis alle en {etat}.")
```

```
Je suis alle en IRL.
Je suis alle en IND.
```

TRI DE LISTES

- Comment trier une liste dans l'ordre naturel ?
- Comment trier une liste numérique ?

La fonction sorted() renvoie une copie d'une liste triée dans l'ordre naturel (alphanumérique). L'ordre de la liste d'origine n'est pas affecté :

```
>>> voyelles = ['a', 'i', 'e', 'u', 'o']
>>> sorted(voyelles)
['a', 'e', 'i', 'o', 'u']
>>> voyelles
['a', 'i', 'e', 'u', 'o']
```

Pour trier une liste, utilisez la méthode sort() :

```
>>> voyelles.sort()
>>> voyelles
['a', 'e', 'i', 'o', 'u']
```

Pour trier une liste numérique, utilisez l'une ou l'autre fonction de tri :

```
>>> nums = [1, 3, 2, 5]
>>> sorted(nums)
[1, 2, 3, 5]
```

TRI INVERSE DE LISTES

- Comment trier une liste dans l'ordre alphabétique inverse ?
- Comment inverser l'ordre de tri d'une liste ?

Pour trier une liste dans l'ordre naturel inverse, utilisez l'argument reverse réglé à True :

```
>>> voyelles = ['a', 'i', 'e', 'u', 'o']
>>> sorted(voyelles, reverse=True)
['u', 'o', 'i', 'e', 'a']
```

L'argument reverse existe pour sort() et sorted(). Pour inverser l'ordre original d'une liste, utilisez la méthode reverse() :

```
>>> voyelles = ['a', 'i', 'e', 'u', 'o']
>>> voyelles.reverse()
>>> voyelles
['o', 'u', 'e', 'i', 'a']
```

En résumé, l'argument reverse ajouté à sort() ou sorted() permet de trier la liste dans l'ordre naturel inverse, tandis que la méthode reverse() inverse l'ordre original de la liste.

LISTES NUMÉRIQUES

- Comment créer une liste simple de nombres ?
- Comment créer une liste de nombres selon un modèle particulier ?

La fonction range() génère une suite de nombres. Donnez à range() une valeur en argument pour renvoyer une suite de nombres de 0 à cette valeur, non comprise :

```
>>> nums = list(range(5))
>>> nums
[0, 1, 2, 3, 4]
```

Passez deux valeurs pour créer une plage qui débute à la première valeur et se termine à la seconde valeur moins un :

```
>>> nums_hauts = list(range(95, 100))
>>> nums_hauts
[95, 96, 97, 98, 99]
```

Avec un troisième argument, précisez l'écart entre les nombres de la liste :

```
>>> impairs = list(range(1, 10, 2))
>>> impairs
[1, 3, 5, 7, 9]
```

Pour définir un motif séquentiel, créez une liste vide, puis modifiez-en chaque nombre dans une plage. Voici une liste de puissances de 10 :

```
nums = []
for exp in range(5):
    nums.append(10**exp)
print(nums)
[1, 10, 100, 1000, 10000]
```

LISTES EN COMPRÉHENSION

- Qu'est-ce qu'une liste en compréhension ?
- Comment utiliser une liste en compréhension ?

Une *liste en compréhension* est une manière concise de définir une liste en une seule ligne :

```
>>> nums = [10**exp for exp in range(5)]
>>> nums
[1, 10, 100, 1000, 10000]
```

Une liste en compréhension utilise des crochets, une expression qui génère chaque élément dans la liste, et une boucle for comme base pour la liste.

Une liste en compréhension peut modifier chaque élément dans une liste existante :

```
>>> etats = ['CH', 'GB', 'NL']
>>> etats_enminuscules = [etat.lower()
...         for etat in etats]
>>> etats_enminuscules
['ch', 'gb', 'nl']
```

TUPLES

- Qu'est-ce qu'un tuple ?
- Comment définir un tuple ?
- Comment utiliser un tuple ?

Un *tuple* est une collection ordonnée d'éléments qui ne peuvent pas être modifiés. Elle est généralement indiquée par des parenthèses :

```
>>> niveaux_elementaires = (2, 3, 4)
```

L'accès aux éléments d'un tuple s'effectue à l'aide d'indices :

```
>>> niveaux_elementaires[0]
2
>>> niveaux_elementaires[-1]
4
>>> niveaux_elementaires[:2]
(2, 3)
```

Pour parcourir un tuple, utilisez une boucle for :

```
niveaux_elementaires = (2, 3, 4)
for un_niveau in niveaux_elementaires:
    print(f"Bienvenue au niveau {un_niveau} !")
```

```
Bienvenue au niveau 2 !
Bienvenue au niveau 3 !
Bienvenue au niveau 4 !
```

Si vous essayez de modifier un élément dans un tuple, vous obtiendrez une erreur. Les tuples sont utilisés pour contenir une collection d'éléments qui ne doivent pas changer tout au long de votre programme.

DÉCOUPE D'UNE LISTE

- Qu'est-ce qu'une découpe ?
- Comment découper une liste en partant du début ?
- Comment découper une liste en partant de la fin ?

Une *découpe* est une partie d'une liste qui commence à l'élément du premier indice spécifié et qui s'arrête à l'élément précédant le second indice spécifié :

```
>>> etats = ['CH', 'GB', 'NL', 'PL', 'RO', 'SK']
>>> etats[2:4]
['NL', 'PL']
```

Si vous ne mentionnez pas le premier indice, la découpe commence au premier élément de la liste :

```
>>> etats[:2]  ['CH', 'GB']
```

Si vous ne mentionnez pas le second indice, la découpe va jusqu'au dernier élément de la liste :

```
>>> etats[3:]  ['PL', 'RO', SK']
```

Vous pouvez construire des découpes qui renvoient n'importe quelle partie d'une liste :

Les deux premiers éléments	etats[:2]
Les deux derniers éléments	etats[-2:]
Une plage d'éléments	etats[2:4]

DÉCOUPE D'UNE LISTE

- Qu'est-ce qu'une découpe ?
- Comment découper une liste en partant du début ?
- Comment découper une liste en partant de la fin ?

Une *découpe* est une partie d'une liste qui commence à l'élément du premier indice spécifié et qui s'arrête à l'élément précédant le second indice spécifié :

```
>>> etats = ['CH', 'GB', 'NL', 'PL', 'RO', 'SK']
>>> etats[2:4]
['NL', 'PL']
```

Si vous ne mentionnez pas le premier indice, la découpe commence au premier élément de la liste :

```
>>> etats[:2]  ['CH', 'GB']
```

Si vous ne mentionnez pas le second indice, la découpe va jusqu'au dernier élément de la liste :

```
>>> etats[3:]  ['PL', 'RO', SK']
```

Vous pouvez construire des découpes qui renvoient n'importe quelle partie d'une liste :

Les deux premiers éléments	etats[:2]
Les deux derniers éléments	etats[-2:]
Une plage d'éléments	etats[2:4]

TYPES DE DONNÉES SIMPLES

Les types de données les plus simples qu'un programme puisse stocker sont les chaînes de texte et les données numériques. Ces cartes vous expliquent comment utiliser les types de données simples.

DONNÉES NUMÉRIQUES

- Quels sont les deux principaux types de données numériques ?
- Comment savoir sur quel type de données vous travaillez ?
- Comment convertir l'un des types numériques en l'autre ?

Les entiers et les flottants sont les deux principaux types de données numériques. Un *entier*, ou int, est un nombre qui n'a pas de point décimal (en Python, la virgule décimale est représentée par un point). Un *flottant*, ou float, est un nombre qui possède un point décimal.

La fonction type() identifie le type de donnée de son argument.

```
>>> type(3)
<class 'int'>
>>> type(3,5)
<class 'float'>
```

La fonction float() convertit un entier en un flottant :

```
>>> float(3)
3.0
```

Elle convertit aussi les chaînes bien formatées en flottants :

```
>>> float('3.5')
3.5
```

La fonction int() convertit un flottant en entier en éliminant la partie décimale du nombre, sans l'arrondir :

```
>>> int(3.0)
3
>>> int(3.9)
3
```

La fonction int() convertit aussi des chaînes en entiers :

```
>>> int('3')
3
```

UTILISATION DE LA BIBLIOTHÈQUE MATH

- Comment calculer la racine carrée d'un nombre ?
- Comment utiliser une constante mathématique comme π ?
- Comment utiliser les fonctions trigonométriques et logarithmiques ?

La bibliothèque math contient de nombreuses fonctions pour diverses opérations (racine carrée, fonctions trigonométriques, fonctions logarithmiques, constantes mathématiques…) :

```
>>> import math
>>> math.sqrt(9)
3.0
>>> PI = math.pi
>>> PI
3.141592653589793
>>> math.sin(PI/2)
1.0
>>> math.log(100, 10)
2.0
```

La bibliothèque standard et les bibliothèques tierces fournissent aussi d'autres fonctions mathématiques. Aussi, avant d'écrire votre propre algorithme mathématique pour résoudre un problème, recherchez dans les bibliothèques les fonctions existantes.

UTILISATION DE VARIABLES DANS LES CHAÎNES

- Comment insérer la valeur d'une variable dans une chaîne ?

En Python 3.6 et plus, vous pouvez utiliser directement une variable dans une chaîne :

```
>>> utilisateur = 'efermi'
>>> print(f"Bon retour, {utilisateur} !")
Bon retour, efermi !
```

Le f, qui est l'abréviation de *format*, demande à Python d'insérer la valeur de la variable indiquée entre les accolades à l'intérieur de la chaîne. Python formate alors la chaîne avec la valeur de la variable donnée.

En Python 3.5 et antérieur, vous devez utiliser la méthode format() :

```
>>> utilisateur = 'efermi'
>>> msg = "Bon retour, {} !".format(utilisateur)
>>> print(msg)
Bon retour, efermi !
```

L'espace réservé {} est remplacé par la première variable contenue dans l'appel à format(). Vous pouvez inclure autant de variables que nécessaire :

```
>>> msg = "Bienvenue, {} et {} !".format( utilisateur_0, utilisateur_1)
```

COMMENTAIRES

- Qu'est-ce qu'un commentaire?
- Comment inclure un commentaire dans votre code?

Un *commentaire* est une ligne de texte ignorée par l'interpréteur Python.

Les commentaires vous permettent de laisser des notes pour vous-même ou d'autres à l'intérieur d'un programme.

Les commentaires commencent par un signe dièse (#) :

```
# Accueillir l'utilisateur.
utilisateur = 'adrien'
print(f"Bon retour, {utilisateur} !")
```

Les commentaires sont utiles lors de l'écriture d'un code complexe sur lequel vous devrez peut-être revenir. Ils permettent de vous rappeler le raisonnement qui est derrière la logique de programmation.

Des commentaires clairs et concis sont la signature d'un programmeur professionnel. Si vous envisagez différentes manières de résoudre un problème spécifique, insérez un commentaire pour expliquer la solution que vous avez choisie.

DONNÉES NUMÉRIQUES

- Quels sont les deux principaux types de données numériques ?
- Comment savoir sur quel type de données vous travaillez ?
- Comment convertir l'un des types numériques en l'autre ?

Les entiers et les flottants sont les deux principaux types de données numériques. Un *entier*, ou int, est un nombre qui n'a pas de point décimal (en Python, la virgule décimale est représentée par un point). Un *flottant*, ou float, est un nombre qui possède un point décimal.

La fonction type() identifie le type de donnée de son argument.

```
>>> type(3)
<class 'int'>
>>> type(3,5)
<class 'float'>
```

La fonction float() convertit un entier en un flottant :

```
>>> float(3)
3.0
```

Elle convertit aussi les chaînes bien formatées en flottants :

```
>>> float('3.5')
3.5
```

La fonction int() convertit un flottant en entier en éliminant la partie décimale du nombre, sans l'arrondir :

```
>>> int(3.0)
3
>>> int(3.9)
3
```

La fonction int() convertit aussi des chaînes en entiers :

```
>>> int('3')
3
```

OPÉRATIONS NUMÉRIQUES

- Comment représenter les opérations mathématiques de base ?
- Comment l'opération utilisée affecte-t-elle le type de la sortie ?
- Comment imposer à Python d'utiliser un ordre non standard des opérations ?

L'utilisation de l'addition, de la soustraction ou de la multiplication avec des entiers renvoie un entier :

```
>>> 2 + 3
5
>>> 3 - 2
1
>>> 2 * 3
6
```

L'utilisation de l'addition, de la soustraction ou de la multiplication avec au moins un flottant renvoie un flottant. Toutes les opérations de division renvoient des flottants :

```
>>> 2,0 + 3
5.0
>>> 3,0 - 2
1.0
>>> 2,0 * 3
6.0
>>> 10 / 5
2.0
```

Deux astérisques (**) représentent un exposant. Pour élever 2 à la puissance de 3, entrez :

```
>>> 2 ** 3
8
```

Utilisez des parenthèses pour imposer un ordre non standard des opérations :

```
>>> (2 + 3) * 4
20
```

UTILISATION DES DONNÉES NUMÉRIQUES

- Comment arrondir des nombres ?
- Comment obtenir la valeur absolue d'un nombre ?
- Comment convertir un nombre décimal en nombre binaire, octal ou hexadécimal ?
- Comment représenter des nombres complexes ?

La fonction **round()** arrondit un flottant au nombre donné de chiffres après le point décimal. Si le second argument de **round()** est négatif, on obtient des multiples de 10 :

```
>>> round(3.1415926, 2)
3.14
>>> round(1234, -2)
1200
```

La fonction **abs()** renvoie la valeur absolue d'un nombre :

```
>>> abs(-5)
5
```

Les fonctions **bin()**, **oct()** et **hex()** convertissent des nombres en base 10, respectivement en nombres en binaire (base 2), octal (base 8) et hexadécimal (base 16) :

```
>>> bin(20)
'0b10100'
>>> oct(20)
'0o24'
>>> hex(20)
'0x14'
```

Les deux premiers caractères du résultat indiquent la nouvelle base.

La fonction **complex()** représente des nombres complexes :

```
>>> complex(2, 3) (2+3j)
```

VARIABLES

- Qu’est-ce qu’une variable ?
- Quelles sont les règles pour nommer une variable ?

Une *variable* est une étiquette pour une valeur que vous souhaitez utiliser dans un programme.

Les noms de variables en Python suivent deux règles principales :

- Ils doivent contenir uniquement des lettres, des underscores ou tirets bas (_) et des chiffres.
- Ils doivent commencer par une lettre ou un underscore.

Des bons noms de variables doivent être courts mais descriptifs :

```
prenom = 'albert'
nom_famille = 'einstein'
utilisateur = 'einsteina'
age = 42
```

Évitez les caractères accentués du français (é, à, è, etc.) et les ligatures (œ, æ) dans les noms de variables, de fonctions et de classes, car ils peuvent poser problème.

Une variable peut aussi bien contenir une petite information qu'un grand nombre de gigaoctets de données.

CHAÎNES

- Qu'est-ce qu'une chaîne ?
- Comment stocker une chaîne dans une variable ?
- Comment inclure des tabulations et retours à la ligne dans une chaîne ?

Une *chaîne* est une valeur composée d'un ou plusieurs caractères, entourés de guillemets simples ou doubles.

Par exemple, "Nous aimons Python !" est une chaîne affectée à la variable message :

```
>>> message = "Nous aimons Python !"
>>> print(message)
Nous aimons Python !
```

Comme les guillemets simples ou doubles peuvent être utilisés pour des chaînes, vous pouvez donc aussi les insérer dans une chaîne :

```
>>> citation_python = 'Je disais, "Nous aimons Python !"'
>>> print(citation_python)
Je disais, "Nous aimons Python !"
```

Vous pouvez également insérer des tabulations et des retours à la ligne dans des chaînes à l'aide des séquences spéciales \t et \n :

```
>>> message = "Liste de courses:\n\tlait\n\tpain"
>>> print(message)
Liste de courses :
lait
pain
```

Il n'y a pas de limite à la longueur d'une chaîne.

MÉTHODES DE CHAÎNE

- Qu'est-ce qu'une méthode de chaîne ?
- Comment changer la casse d'une chaîne ?
- Comment supprimer des espaces dans une chaîne ?

Une *méthode de chaîne* est une fonction qui exécute une action sur une chaîne.

Pour modifier la casse d'une chaîne, utilisez les méthodes title() (titre), upper() (majuscules) et lower() (minuscules) :

```
>>> nom = 'ella fitzgerald'
>>> nom.title()
'Ella Fitzgerald'
>>> nom.upper()
'ELLA FITZGERALD'
>>> nom = 'Ella Fitzgerald'
>>> nom.lower()
'ella fitzgerald'
```

Les méthodes lstrip() (gauche), rstrip() (droite) et strip() (tous) suppriment les espaces en trop dans les chaînes, ce qui est utile pour nettoyer les données :

```
>>> nom = 'jules'
>>> nom.lstrip()
'jules'
>>> nom.rstrip()
'jules'
>>> nom.strip()
'jules'
```

Les méthodes de chaîne sont utiles pour présenter les données dans une certaine forme, ou pour nettoyer les données entrées par l'utilisateur.

CONCEPTS ET VOCABULAIRE

Ces cartes introduisent différents concepts de programmation importants. La compréhension de ces concepts vous aidera à donner sens à la syntaxe du code quand vous la maîtriserez, que ce soit du Python ou tout autre langage que vous apprendrez.

Vous pouvez lire ces cartes dans leur ensemble avant de passer aux cartes de syntaxe, ou bien consulter celles dont les concepts correspondent aux cartes de syntaxe que vous êtes en train d'étudier.

IDE

- Qu'est-ce qu'un IDE ?
- Quelles sont les caractéristiques des IDE ?
- Quels sont les meilleurs IDE pour Python ?

Un *environnement de développement intégré (IDE)* est un éditeur de texte doté de puissantes fonctionnalités de gestion de projet.

Des outils de débogage, le remplissage automatique de certains éléments de code et la possibilité de détecter les erreurs lors de la saisie du code figurent parmi les fonctionnalités typiques d'un IDE. Pour les projets regroupant plusieurs fichiers, l'IDE les examine et aide à maintenir la cohérence entre les différents fichiers.

Les IDE peuvent faciliter les tests de code et identifier les parties de votre code qui pourraient être remaniées. Ils vous permettent d'interagir avec d'autres éléments du projet, comme le code HTML ou JavaScript dans une application web, et vous aident à utiliser une base de données.

Parmi les IDE pour Python les plus populaires, citons PyCharm, PyDev, Spyder et Visual Studio.

TERMINAL

- Qu'est-ce qu'un terminal ?
- Comment exécuter un programme Python à partir d'un terminal ?
- Comment lancer une session Python dans un terminal ?

Un *terminal* est un programme qui permet d'interagir avec le système d'exploitation. Il porte d'autres appellations usuelles, comme *console*, *invite de commande* ou *ligne de commande*. Vous utilisez un terminal (au lieu de passer par une interface utilisateur graphique) pour donner des commandes claires, concises et textuelles au système d'exploitation afin d'effectuer rapidement des tâches.

Pour exécuter un programme Python à partir d'un terminal, vous utiliserez une commande comme celle-ci :

```
$ python bonjour_le_monde.py
```

Vous pouvez également lancer une session Python dans un terminal. Dans une session de terminal Python, chaque ligne de code s'exécute dès que vous l'entrez :

```
$ python
>>> print("Bonjour, le monde du terminal !")
Bonjour, le monde du terminal !
```

SYSTÈMES D'EXPLOITATION

- Qu'est-ce qu'un système d'exploitation ?
- Que fait un système d'exploitation ?
- Comment interagit Python avec le système d'exploitation ?

Le *système d'exploitation* (OS) est le logiciel qui contrôle les fonctionnements internes de l'ordinateur.

Un système d'exploitation exécute des fonctionnalités de bas niveau, telles que la lecture et l'écriture dans la mémoire, et interagit avec des périphériques matériels, tels que les disques durs, la mémoire vive, le processeur, les processeurs graphiques, les écrans, les batteries et autres périphériques externes. Windows, macOS et Linux (comme Ubuntu et Fedora) sont les principaux systèmes d'exploitation existants.

Python est un *langage de programmation multiplateforme*. Vous pouvez écrire du code Python sous n'importe quel système d'exploitation : il fonctionnera sous n'importe quel autre système d'exploitation.

LANGAGES DE PROGRAMMATION

- Qu'est-ce qu'un langage de programmation ?
- En quoi Python est-il unique ?
- Comment un langage de programmation change-t-il la manière dont nous réfléchissons à la résolution des problèmes ?

Un *langage de programmation* est un ensemble de règles qui permettent de donner des instructions à un ordinateur. Il fournit la syntaxe nécessaire pour transmettre ces instructions, précise les moyens de stocker les informations, et contrôle l'ordre dans lequel les instructions s'exécutent dans un programme.

Python est un *langage de programmation de haut niveau*, ce qui signifie qu'il s'occupe de nombreuses tâches de bas niveau à votre place, pour que vous vous concentriez sur la résolution des problèmes. Par exemple, lorsque vous affectez une valeur à une variable, Python supprime automatiquement cette variable lorsqu'elle n'est plus nécessaire, vous épargnant la tâche de gérer la mémoire.

Chaque langage a ses propres caractéristiques qui se traduisent par des manières de programmer et des philosophies spécifiques. Python met l'accent sur la simplicité, la lisibilité et la réalisation des tâches.

ÉDITEURS DE TEXTE

- Qu'est-ce qu'un éditeur de texte ?
- Qu'est-ce que la coloration syntaxique ?
- Quels sont les éditeurs de texte adaptés aux débutants ?
- Quels sont les éditeurs de texte plus évolués ?

Un *éditeur de texte* est un programme conçu pour écrire et modifier (c'est-à-dire éditer) du code.

La plupart des éditeurs de texte offrent des fonctionnalités pour faciliter l'édition de code : la *coloration syntaxique*, par exemple, colorie le code pour permettre de reconnaître rapidement les différentes parties d'un programme (comme une chaîne de caractères en vert et une méthode en violet).

Sublime Text, Atom et Geany sont des éditeurs de texte intéressants pour les débutants en raison de leur facilité d'utilisation et de leur interface simple. Ils disposent également de fonctionnalités puissantes qui vous aident à travailler plus efficacement lors de votre apprentissage.

Emacs et Vim sont des éditeurs de texte évolués qui sont apparus dans les années 1970. Leur courbe d'apprentissage est plutôt longue, mais une fois que vous savez les maîtriser, l'édition de code devient incroyablement facile. Vim, ou son prédécesseur vi, est fourni par défaut sur la plupart des systèmes Linux.

COMMENTAIRES

- Que sont les commentaires ?
- Quelle est l'utilité des commentaires en programmation ?
- Quels types de commentaires devez-vous rédiger ?

Les *commentaires* sont des lignes d'un programme que ce dernier ignore lors de son exécution. Ils permettent d'ajouter des notes et des remarques sur le fonctionnement du programme pour vous aider et aider d'autres développeurs à comprendre le code.

Utilisez des commentaires pour expliquer :

- Le rôle des variables importantes lorsque vous les introduisez
- La manière dont vous avez abordé un problème après avoir envisagé plusieurs approches
- Ce que font vos fonctions
- Quelles sont les classes utilisées dans le programme

Vos commentaires vous permettront de vous souvenir ce que fait votre code lorsque vous y reviendrez plus tard. Les commentaires aident en outre les équipes de programmeurs à collaborer efficacement.

GUIDES DE STYLE

- Qu'est-ce qu'un guide de style ?
- Quels genres de recommandations contiennent les guides de style ?
- Où trouver le guide de style de Python ?

Un *guide de style* indique comment créer une cohérence dans votre code, par exemple le type d'indentation des lignes, la longueur maximale d'une ligne ou la façon de découper de longues lignes.

Un guide de style n'est pas un ensemble de règles absolues : si vous ne suivez pas ses conseils tout en respectant les règles de syntaxe, votre code fonctionnera toujours. Mais en les suivant, votre code restera cohérent, si bien qu'il sera plus facile pour vous et les autres développeurs de se focaliser sur ses actions plutôt que sur son apparence.

La manière dont Python a été conçu garantit que les programmeurs écrivent du code plus lisible qu'avec d'autres langages. Nous vous conseillons de lire le guide de style Python, *PEP 8* (sur *https://www.python.org*), pour apprendre à créer un code propre et cohérent.

SPÉCIFICATIONS DE PROJET

- Que sont les spécifications d'un projet ?
- Pourquoi les spécifications sont-elles importantes ?
- Qui rédige les spécifications de projet ?

Les *spécifications de projet*, ou *cahier des charges*, listent les exigences de ce qu'un programme doit faire.

Dans vos projets de toute taille, il est important d'avoir des spécifications claires pour que vous ayez une idée précise de vos objectifs et de la réussite ou non de ces projets. Sans cahier des charges clair, vous perdrez du temps et risquerez de faire échouer votre projet.

Les spécifications du projet indiquent les problèmes à résoudre et la manière dont les utilisateurs vont interagir avec le programme. Elles doivent préciser quels types d'entrées votre programme traitera, ainsi que les sorties qu'il doit générer.

Lorsque vous apprenez à programmer, chaque exercice que vous réalisez est une mini spécification. Les problèmes bien spécifiés sont plus faciles à résoudre que les exercices mal spécifiés. Un bon programmeur recherche les spécifications lorsqu'il collabore à un projet existant, et élabore des spécifications complètes avant de s'engager dans un nouveau projet.

SYNTAXE

- Qu’est-ce que la syntaxe ?
- Qu’est-ce qu’une erreur de syntaxe ?
- Qu’est-ce qu’une erreur de logique ?

La *syntaxe* d'un langage de programmation est l'ensemble des règles qui permettent d'écrire des instructions dans ce langage ; elle correspond à la grammaire de ce langage. Les règles de syntaxe vous indiquent comment stocker des données, répondre à des conditions spécifiques et contrôler le flux d'exécution dans ce langage.

Une *erreur de syntaxe* se produit lorsqu'un programme ne respecte pas les règles de syntaxe. Dans ce cas, le langage ne comprend pas comment exécuter le code, même si une erreur mineure est commise, telle qu'une parenthèse ou une virgule manquante.

Une *erreur de logique* se produit lorsque votre programme respecte les règles de syntaxe et s'exécute, mais ne fait pas ce que vous voulez. Vous saurez qu'il s'agit d'une erreur logique lorsque votre programme génère une sortie qui ne correspond pas aux spécifications du projet. Vous devrez alors réétudier votre approche du problème puis la modifier.

DÉBOGAGE

- Qu'est-ce qu'un bogue ?
- Que signifie le débogage ?
- Comment déboguer un programme ?

Un *bogue* est un problème dans l'exécution d'un programme.

Le *débogage* est le processus qui permet d'identifier la cause d'un bogue et de modifier le code pour résoudre le problème.

L'une des premières étapes du débogage consiste à comprendre les messages d'erreur. Ils vous indiquent où l'interpréteur a rencontré un problème et quel genre de problème s'est produit.

Les erreurs logiques ne donnent pas lieu à des messages d'erreur, aussi vous devez regarder l'exécution du programme pour les résoudre. Pour déboguer les erreurs de logique, examinez la valeur des variables à différents moments de l'exécution du programme. Pour ce faire, insérez des appels `print()` dans le code à des points stratégiques pour afficher les valeurs des variables clés lors de l'exécution, ou utilisez les outils de débogage disponibles dans la plupart des IDE. En outre, écrivez des tests pour votre code pour voir quelles parties fonctionnent et lesquelles ne fonctionnent pas.

REMANIEMENT

- Qu'est-ce que le remaniement ou refactoring du code?
- Quand et pourquoi devrez-vous remanier du code?
- Qu'est-ce que le principe DRY?
- Comment remanier du code?

Le *remaniement* (ou *refactoring*) du code est le processus de réécriture de parties d'un programme qui fonctionne, afin de le rendre plus simple, plus efficace et plus facile à utiliser.

Pensez à remanier le code lorsque vous avez résolu le même problème à plusieurs endroits. Cette approche suit le principe DRY de *ne pas se répéter* (*Don't Repeat Yourself*, en anglais). La répétition de code présente des risques d'erreur et rend les programmes plus difficiles à modifier, mais aussi plus longs et plus difficiles à lire.

Pour remanier du code, placez un bloc de code répété dans une fonction distincte. Puis remplacez le code répété par un appel à cette fonction. Si vous devez améliorer ce code, il vous suffira alors de le modifier dans la fonction pour l'appliquer à l'ensemble du programme. Le remaniement du code peut vous aider à trouver des moyens plus efficaces de résoudre les problèmes, et la séparation du code en différents modules facilite le travail.

BIBLIOTHÈQUE STANDARD

- Qu'est-ce qu'une bibliothèque standard ?
- Que contient généralement une bibliothèque standard ?
- Que ne contient pas toujours une bibliothèque standard ?

Une *bibliothèque standard* est l'ensemble des outils inclus dans l'installation normale d'un langage. La bibliothèque comprend des structures de données de base et des outils pour travailler avec les données de votre programme.

La bibliothèque standard de Python contient des outils pour vous aider à :

- Travailler avec différents types de données et de texte
- Utiliser des fonctions mathématiques
- Travailler avec des fichiers, des dates et des heures
- Créer des interfaces utilisateur graphiques (GUI)
- Travailler avec les réseaux et le multimédia
- Tester et déboguer votre code et gérer les erreurs
- Distribuer vos programmes

Parfois, une bibliothèque standard comporte aussi des outils spécifiques d'analyse de données, des environnements de développement de jeu, des environnements de développement d'applications web et d'autres bibliothèques spécifiques à certaines applications. Ceux-ci sont disponibles dans des bibliothèques externes qui sont plus souvent mises à jour que le langage dans son ensemble.

Une fois que vous maîtrisez la syntaxe principale et les règles d'un langage, familiarisez-vous avec les outils de ses bibliothèques standards, car ils peuvent vous aider à écrire du code efficacement.

BIBLIOTHÈQUE TIERCE

- Qu’est-ce qu’une bibliothèque tierce ?
- Qu’est-ce qu’un paquetage ?
- Qu’est-ce qu’un gestionnaire de paquetages ?
- Quels sont les types de bibliothèques tierces disponibles pour Python ?

Une *bibliothèque tierce* ajoute des outils et des fonctionnalités qui ne sont pas couverts par la bibliothèque standard d'un langage.

Les bibliothèques tierces, ou *paquetages*, sont installées grâce à un *gestionnaire de paquetages*, tel que pip, qui garantit une installation cohérente et sécurisée. Ce gestionnaire de paquetages contribue également à mettre à jour les bibliothèques que vous avez installées.

Le gestionnaire de paquetages de Python permet d'accéder à plus de 100 000 paquetages. Citons par exemple le paquetage requests qui permet d'écrire des programmes pour accéder à des ressources en ligne, Pillow qui permet de travailler sur des images, SQLAlchemy qui facilite la manipulation de bases de données, ou encore NumPy qui offre des outils pour utiliser des données numériques.

ENVIRONNEMENTS DE DÉVELOPPEMENT

- Qu'est-ce qu'un environnement de développement ou framework ?
- Quels sont les environnements de développement disponibles pour Python ?

Un *environnement de développement* ou *framework* est un gros paquetage qui aide à résoudre un problème particulier. Certains environnements de développement facilitent ainsi la création de jeux, de visualisations de données ou d'applications web.

Un environnement de développement (*framework*, en anglais) contient des outils qui gèrent des tâches courantes dans un certain contexte. Par exemple, un environnement de développement de jeux fournit souvent un moyen de déterminer le moment où une collision entre deux éléments du jeu s'est produite. De même, un environnement de développement d'applications web offre généralement un moyen d'extraire des informations d'une base de données.

Les frameworks simples vous laissent prendre de nombreuses décisions en matière de résolution de problèmes, alors que les plus avancés possèdent plus d'approches par défaut pour les situations courantes.

Parmi les principaux environnements de développement web pour Python, citons Django, un important framework qui fournit des outils pour concevoir des applications web, et Flask, un framework simple qui vous laisse prendre beaucoup de décisions. Les environnements de développement de jeux pour Python les plus populaires sont Pygame, Kivy et Pyglet.

GESTION DES ERREURS

- Pourquoi la gestion des erreurs est-elle importante ?
- Comment gérer les erreurs dans un programme ?
- Qu'est-ce qu'une exception ?

La *gestion des erreurs* fait référence à l'écriture d'un code qui anticipe les erreurs susceptibles de se produire et qui répond ensuite à ces erreurs.

Pour tourner avec succès, un programme doit disposer du bon ensemble d'entrées, être en mesure de faire son travail correctement, et renvoyer sa sortie de manière appropriée. Or des erreurs peuvent survenir à n'importe laquelle de ces étapes. C'est pourquoi les programmes bien écrits ont un code de traitement des erreurs qui anticipe et gère les erreurs pouvant survenir à chaque étape.

La gestion des erreurs peut se résumer à du code qui vérifie certaines valeurs et conditions avant la poursuite du programme. Si ces valeurs et conditions sont correctes, l'exécution du programme continue le long d'un certain chemin. Sinon, elle emprunte un chemin différent.

Une approche courante consiste à vérifier si une entrée est dans le bon format. Quand un utilisateur entre son âge, vous attendez un nombre positif. Vous pouvez donc ajouter du code pour vérifier que le nombre saisi est positif avant de poursuivre le programme, ou déclencher une exception si une autre valeur a été entrée. Une *exception* est une condition d'erreur spéciale qui répond à un type d'erreur précis.

CONTRÔLE DE VERSION

- Qu'est-ce que le contrôle de version ?
- Qu'est-ce qu'une validation ?
- Que signifie « extraire » une validation ?
- Qu'est-ce qu'un dépôt ?
- Qu'est-ce que le système de contrôle de version distribué ?

Le *contrôle de version* consiste à enregistrer différentes versions de votre projet au fur et à mesure de son évolution. Si vous rendez un programme inopérant, vous pouvez ainsi revenir à une version opérationnelle précédente ou simplement examiner le fonctionnement de votre programme dans une version précédente.

Les systèmes de contrôle de version vous permettent d'effectuer une *validation (commit)*, qui enregistre l'état actuel de tous les fichiers de votre projet. Vous effectuez cette validation après avoir implémenté une nouvelle fonctionnalité.

Si vous commettez une erreur et ne savez pas comment corriger votre programme, vous pouvez *extraire (check out)* la validation précédente et repartir d'une version opérationnelle de votre projet.

Un *dépôt (repository)* est la collection de toutes les validations que vous avez effectuées dans un projet. Il contient aussi d'autres ressources nécessaires à la gestion de votre projet.

Un *système de contrôle de version distribué* permet à plusieurs personnes d'effectuer des validations sur le même projet et fournit à ce titre des outils pour résoudre les conflits dans les projets collaboratifs. Les systèmes de contrôle de version distribués les plus répandus sont Git et Mercurial au moment de l'écriture de ces lignes.

TESTS

- Qu’est-ce qu’un test ?
- Comment écrire un test ?
- Qu’est-ce qu’une assertion ?
- Pourquoi devez-vous écrire des tests pour votre code ?
- Comment les tests contribuent-ils à ajouter de nouvelles fonctionnalités à un projet ?

Un *test* est du code extérieur à un programme qui en exécute une partie pour vérifier qu'elle fonctionne correctement.

Chaque partie d'un programme résout un certain point du problème que l'ensemble du programme vise à solutionner. Vous pouvez donc écrire des tests pour vérifier que chacune de ces parties de code se comporte correctement.

Pour écrire un test, importez le code du programme à tester, définissez un jeu de données d'exemples, puis exécutez le code avec ces données. Ensuite, vous pouvez établir des assertions sur les résultats.

Une *assertion* est une affirmation sur ce que devrait être une valeur ou une condition. Par exemple, vous pourriez partir de l'hypothèse et *affirmer (assert)* que la valeur de la variable `age` est supérieure à 18. Si le code fonctionne comme il le devrait, le test réussit. Sinon, il échoue.

Une bonne série de tests vous aide à détecter les bogues avant vos utilisateurs. Elle vous permet aussi de vous assurer que, si vous ajoutez de nouvelles fonctionnalités à vos projets, le nouveau code n'affecte pas le comportement des fonctionnalités existantes et votre programme tourne toujours.

INTERFACES UTILISATEUR

- Qu'est-ce qu'une interface de programmation d'application ?
- Qu'est-ce qu'une interface utilisateur graphique ?
- Qu'est-ce qu'une interface en ligne de commande ?
- Quelle est l'importance de chacune d'elles ?

Une *interface de programmation d'application (API)* est une spécification indiquant comment un programme demande des informations à un autre programme. Une *interface utilisateur graphique (GUI)* est une interface facile à utiliser qui permet aux utilisateurs de cliquer sur des éléments à l'écran. Dans une *interface en ligne de commande (CLI)*, les utilisateurs interagissent avec un programme en entrant des commandes dans un terminal.

L'interface utilisateur graphique (GUI) est le moyen le plus simple d'interagir avec un programme pour les utilisateurs sans connaissances informatiques particulières. Par exemple, un site web de météorologie pourra présenter des informations dans un navigateur (donc via une GUI) aux utilisateurs lambda, mais aussi proposer une API aux utilisateurs spécialisés pour qu'ils puissent concevoir des projets à partir de données météorologiques en temps réel.

Les API permettent d'extraire des données de ressources externes. Les développeurs qui travaillent sur de vastes projets collaboratifs créent leurs propres API pour permettre à chaque programme de communiquer dans le projet. Concevoir et créer une bonne API nécessite de l'expérience et de la planification, mais apprendre à *utiliser* une API est beaucoup plus simple.

Une interface en ligne de commande (CLI) permet l'automatisation et la création de scripts de manière plus personnalisable qu'avec les interfaces graphiques.

BASES DE DONNÉES

- Qu'est-ce qu'une base de données ?
- Pourquoi les bases de données sont-elles importantes ?
- Qu'est-ce que le langage SQL ?
- Comment communiquer avec une base de données ?
- Quelles sont les bases de données les plus courantes ?

Une *base de données* est un programme qui permet de stocker et de récupérer des informations. Les bonnes bases de données sont hautement optimisées pour le faire de manière fiable et efficace avec de grands volumes de données.

Les bases de données stockent la plupart des informations du monde. Dès que vous récupérez ou publiez des informations sur un site web, ces informations sont lues ou écrites dans une base de données. Beaucoup de programmeurs de projets travaillent en interaction avec une base de données.

Le *langage SQL (Structured Query Language)* est un langage spécialement conçu pour interagir avec des bases de données, mais il n'est pas indispensable de le connaître pour travailler avec une base de données. En effet, de nombreux langages et environnements de développement génèrent du SQL pour vous, de sorte que vous pouvez utiliser une base de données par l'intermédiaire de ces langages. En revanche, si vous souhaitez vous mettre sérieusement à la programmation, c'est une bonne idée d'apprendre SQL.

SQLite, PostgreSQL, MySQL, SQL Server et Oracle sont les bases de données les plus couramment utilisées en programmation.

STRUCTURES ET TYPES DE DONNÉES

- Que sont les structures de données ?
- Que sont les types de données ?
- Pourquoi les structures de données sont-elles importantes ?
- Quelles sont les structures de données les plus courantes ?

Les *structures de données* définissent la manière dont vous stockez les données dans un langage de programmation. Chaque langage de programmation possède un ensemble de structures de données. Les *types de données* font référence aux structures de données que vous utilisez ou aux types d'informations stockées dans ces structures de données.

Une grande partie de la programmation est axée sur le traitement des données. La manière dont vous représentez les données dans du code a un impact sur ce que vous pouvez faire avec ces données : si vous les modélisez correctement, votre programme sera plus facile à utiliser.

L'approche choisie pour modéliser des données renseigne sur ce que vous pensez des données. Par conséquent, en connaissant les structures de données disponibles dans un langage de programmation, vous saurez mieux représenter les informations dans votre projet.

Parmi les structures de données les plus courantes, citons les variables, les séquences, les mappages, les classes et les objets. Python possède aussi des types de données textuelles, comme les chaînes, et des types de données numériques, comme les entiers et les nombres à virgule flottante (ou flottants).

VARIABLES

- Qu’est-ce qu’une variable ?
- Pourquoi les variables sont-elles importantes ?
- Qu’est-ce qu’un langage à typage statique ?
- Qu’est-ce qu’un langage à typage dynamique ?
- Qu’est-ce qui fait de Python un langage dynamique ?

En Python, une *variable* est un nom attaché à une donnée. Vous définissez d'abord une variable, puis utilisez ce nom lorsque vous faites référence à cette donnée.

Dans les *langages à typage statique*, il est nécessaire de déclarer le type de données qu'une variable représente au moment de sa création. Python est un *langage à typage dynamique*, ce qui signifie qu'il n'est pas nécessaire de déclarer le type de données qu'une variable représentera. En Python, l'interpréteur examine les données associées à une variable tout au long de la vie du programme et gère les problèmes de type à votre place.

Les langages dynamiques privilégient le temps du programmeur plutôt que la performance du processeur, mais ils demeurent néanmoins très rapides et efficaces s'ils sont utilisés correctement. Les langages statiques privilégient l'efficacité du processeur plutôt que le temps du programmeur. Les programmes écrits dans un langage statique sont plus longs et plus détaillés, mais ils peuvent être hautement optimisés.

CHAÎNES

- Qu'est-ce qu'une chaîne ?
- Pourquoi les chaînes sont-elles importantes ?
- Qu'est-ce qu'une sous-chaîne ?
- Que peut-on faire avec les chaînes ?

Une *chaîne (de caractères)* est une valeur constituée de texte. Un exemple classique de chaîne est le code "Bonjour tout le monde !".

La chaîne est l'un des types de données les plus simples dans tout langage. Une grande partie de l'information transmise au sein et entre des programmes est constituée de chaînes.

Les chaînes sont traitées comme une suite de caractères, donc la chaîne "123" est différente de la valeur numérique 123. Une sous-chaîne est une partie d'une chaîne.

Vous pouvez effectuer de nombreuses actions avec des chaînes, par exemple :

- Assembler des chaînes, ce qui s'appelle la *concaténation*
- Insérer la valeur d'une variable dans une chaîne, c'est-à-dire l'*interpolation*
- Modifier la casse d'une chaîne
- Supprimer des espaces en trop dans une chaîne
- Rechercher une sous-chaîne dans une chaîne
- Remplacer certains caractères dans une chaîne

En Python, les chaînes sont entourées de guillemets droits simples ou doubles.

TYPES DE DONNÉES NUMÉRIQUES

- Qu'est-ce qu'un int ?
- Qu'est-ce qu'un float ?
- Que peut-on faire avec les données numériques ?
- Quels sont les autres types de données numériques ?

Les entiers et les flottants sont les deux principaux types de données numériques. Un *entier*, ou *int*, est un nombre sans partie décimale. Un *flottant*, ou *float*, est un nombre avec une partie décimale.

Vous pouvez effectuer toutes les opérations arithmétiques de base avec des données numériques, mais également des opérations plus complexes, avec par exemple des exposants, des valeurs absolues ou des fonctions trigonométriques.

Python permet de représenter des nombres complexes (nombres comprenant une partie réelle et une partie imaginaire) et de travailler avec des fractions.

Pour des travaux gourmands en calculs, des bibliothèques tierces comme NumPy, SciPy et pandas pourront vous faciliter la tâche. De nombreuses bibliothèques dédiées à la visualisation des données sont également disponibles, comme Matplotlib, Bokeh, Pygal et Plotly.

SÉQUENCES

- Qu'est-ce qu'une séquence ?
- Pourquoi les séquences sont-elles importantes ?
- Que peut-on faire avec une séquence ?
- Quelles sont les séquences disponibles en Python ?
- Qu'est-ce qu'une séquence mutable ?

Une *séquence* est une structure de données qui stocke une collection d'éléments dans un ordre déterminé. Dans certains langages, une séquence ne peut contenir que des éléments d'un seul type ; dans d'autres langages, dont Python, une séquence peut contenir des éléments de types différents.

Les séquences sont importantes lorsque vous devez stocker des éléments dans un ordre spécifique. Par exemple, une liste d'utilisateurs d'un site web peut être ordonnée en fonction de la date d'inscription de chaque utilisateur.

Une séquence permet d'effectuer les opérations suivantes :

- Ajouter et supprimer des éléments
- Travailler avec des éléments individuels ou des groupes d'éléments
- Déterminer si une valeur est présente dans la séquence
- Rechercher des éléments en double ou uniques
- Parcourir la séquence et traiter chaque élément
- Travailler sur des éléments qui répondent à certaines conditions

En Python, le principal type de séquence est la *liste*. Les listes sont *mutables*, ce qui signifie que vous pouvez les modifier après les avoir créées. Les *tuples* sont des séquences *non mutables* : ils ne peuvent plus être modifiés après avoir été définis. Les *chaînes* constituent un type spécial de séquence : chaque élément de la séquence est un caractère.

MAPPAGES

- Qu'est-ce qu'un mappage ?
- Pourquoi les mappages sont-ils importants ?
- Que peut-on faire avec un mappage ?
- Quel est le principal type de mappage en Python ?

Un *mappage* est une structure de données qui relie deux informations ou plus, communément appelées *paires clé-valeur*. Lorsque vous recherchez une clé, vous obtenez sa valeur associée. Une structure de mappage peut stocker plusieurs paires clé-valeur.

Les mappages ne font pas que stocker des données, ils vous permettent d'établir des relations entre elles. Par exemple, vous pouvez associer chaque nom d'utilisateur à un mot de passe, chaque pays avec sa capitale et chaque livre avec son auteur.

Les mappages ne se limitent pas à une seule donnée : vous pouvez utiliser une seule donnée comme clé et une séquence pour la valeur. Par exemple, vous pouvez associer un nom d'utilisateur à une séquence d'autres utilisateurs pour définir une relation entre le premier utilisateur et les autres. C'est un mécanisme exploité par beaucoup de réseaux sociaux.

En Python, le principal type de mappage est le *dictionnaire*. Il est recommandé de bien comprendre les dictionnaires, car de nombreuses structures de données avancées en Python sont représentées par ces dictionnaires.

FONCTIONS

- Qu'est-ce qu'une fonction ?
- Que sont les paramètres et les arguments ?
- Qu'est-ce qu'un appel de fonction ?
- À quoi servent les fonctions ?

Une *fonction* est un bloc de code qui peut recevoir un nom et qui exécute une tâche déterminée. Pour exécuter le bloc plusieurs fois, utilisez le nom de la fonction. La *définition* d'une fonction précise son nom et les données nécessaires à son fonctionnement. Les *paramètres* sont les variables de la fonction qui contiennent ces données.

Pour utiliser une fonction, vous devez l'*appeler*. Lorsque vous appelez une fonction, vous devez fournir des valeurs, ou *arguments*, pour chacun des paramètres de la fonction.

Les fonctions permettent d'écrire du code efficacement. Lorsque vous devez exécuter une action plusieurs fois, intégrez ce code dans une fonction et appelez cette dernière quand vous en avez besoin. Si vous devez changer la nature de cette action, modifiez en conséquence le code de la fonction : ce changement sera appliqué partout.

CLASSES

- Qu'est-ce qu'une classe ?
- Que sont les attributs et les méthodes ?
- Qu'est-ce qu'une instance ?
- Que peut-on faire avec une classe ?

Une *classe* est une structure qui permet de combiner les données et les fonctionnalités associées à une tâche particulière. Les variables d'une classe sont ses *attributs*. Les fonctions d'une classe sont ses *méthodes*.

Les classes peuvent représenter des objets du monde réel ou des idées abstraites. Après avoir défini une classe, vous pouvez l'utiliser en créant une *instance*, ou un *objet*, de cette classe. Vous avez la possibilité de créer autant d'instances que vous le souhaitez à partir d'une même classe.

Par exemple, vous pourriez utiliser une classe pour représenter un utilisateur de site web ; elle aurait des attributs associés au nom d'utilisateur, au mot de passe, à la date d'inscription, etc. Les méthodes définiraient les actions que l'utilisateur pourrait effectuer, telles que l'inscription, l'authentification, la connexion et la déconnexion. Vous pourriez ensuite créer une instance pour chaque utilisateur qui s'inscrit sur le site.

De nombreuses bibliothèques externes sont écrites sous forme de classes. Apprendre à travailler avec des classes facilite le travail sur de nombreux projets existants.

CLASSES

- Qu'est-ce qu'une classe ?
- Que sont les attributs et les méthodes ?
- Qu'est-ce qu'une instance ?
- Que peut-on faire avec une classe ?

Une *classe* est une structure qui permet de combiner les données et les fonctionnalités associées à une tâche particulière. Les variables d'une classe sont ses *attributs*. Les fonctions d'une classe sont ses *méthodes*.

Les classes peuvent représenter des objets du monde réel ou des idées abstraites. Après avoir défini une classe, vous pouvez l'utiliser en créant une *instance*, ou un *objet*, de cette classe. Vous avez la possibilité de créer autant d'instances que vous le souhaitez à partir d'une même classe.

Par exemple, vous pourriez utiliser une classe pour représenter un utilisateur de site web; elle aurait des attributs associés au nom d'utilisateur, au mot de passe, à la date d'inscription, etc. Les méthodes définiraient les actions que l'utilisateur pourrait effectuer, telles que l'inscription, l'authentification, la connexion et la déconnexion. Vous pourriez ensuite créer une instance pour chaque utilisateur qui s'inscrit sur le site.

De nombreuses bibliothèques externes sont écrites sous forme de classes. Apprendre à travailler avec des classes facilite le travail sur de nombreux projets existants.

HÉRITAGE

- Qu'est-ce que l'héritage ?
- Qu'est-ce qu'une classe parente ?
- Qu'est-ce qu'une classe enfant ?

L'*héritage* est le fait de baser une classe sur une autre pour que la nouvelle classe puisse utiliser les méthodes et les attributs existants. Lorsque vos classes sont calquées sur des éléments similaires, utilisez l'héritage plutôt que de recréer une nouvelle classe.

Supposons que vous deviez modéliser un livre. Vous définissez alors une classe nommée Livre, dont les attributs peuvent être auteur, titre et sujet, et les méthodes decrire_livre(), afficher_page_exemple() et reviser_livre().

Un livre numérique est un type particulier de livre. Vous pouvez donc faire hériter une classe NLivre de Livre pour qu'elle reçoive tous les attributs et méthodes de Livre. Il ne vous reste plus alors qu'à définir les attributs et méthodes propres aux livres numériques, comme l'attribut taille_fichier et la méthode telecharger_livre().

Dans cet exemple, Livre est une *classe parente* et NLivre est une *classe enfant*. Une classe enfant hérite de la classe parente. Lorsque vous écrivez une classe enfant, vous pouvez ajouter des attributs ou des méthodes ne figurant pas dans la classe parente, et personnaliser les comportements hérités de la classe parente.

AUTRES TYPES DE DONNÉES

- Qu'est-ce qu'une valeur booléenne?
- À quoi servent les valeurs booléennes?
- Qu'est-ce qu'une valeur nulle?
- À quoi servent les valeurs nulles?

Une *valeur booléenne* ne peut prendre que l'une des deux valeurs vrai ou faux. En Python, ces valeurs s'écrivent respectivement True et False.

Une valeur booléenne peut représenter l'état d'un programme ou d'une certaine condition. Par exemple, vous pouvez utiliser des variables comme jeu_actif, peut_modifier et sondage_ouvert, qui prennent la valeur True (vrai) ou False (faux). Lorsque ces variables valent True, elles activent certaines sections de code pendant l'exécution du programme.

Une *valeur nulle* ne représente rien du tout, l'absence de valeur. Vous pouvez affecter une valeur nulle à une variable qui n'a pas de valeur définie. En Python, elle s'écrit None (rien). Dans les comparaisons logiques, None est évalué à False.

La valeur nulle s'avère utile dans de nombreuses situations. Par exemple, elle sert à rendre certains paramètres optionnels dans une fonction. En effet, si une valeur est fournie, celle-ci est attribuée au paramètre. Mais si aucune valeur n'est fournie, le paramètre n'a aucun effet sur le programme. Une fonction peut aussi renvoyer None quand elle ne peut effectuer sa tâche, au lieu de générer une erreur entraînant le « plantage » du programme.

INSTRUCTIONS IF

- Qu'est-ce qu'une instruction if ?
- À quoi servent les instructions if ?
- Qu'est-ce qu'une instruction elif ?
- Qu'est-ce qu'une instruction else ?

Une *instruction if* (si) permet de définir une condition pour l'exécution d'une certaine partie de code. Par exemple, avec une variable nommée jeu_actif, vous pouvez utiliser une instruction if pour garantir que le code qui lance un jeu ne s'exécute que si cette variable est réglée à True (vrai).

L'instruction if permet aux programmeurs de répondre aux entrées de l'utilisateur, et elle change les conditions lors de l'exécution d'un programme.

L'instruction elif (sinon si) permet à un programme de répondre en fonction de plusieurs conditions. La structure du code signifie « si une condition s'applique, faire ceci ; sinon, si une condition différente s'applique, faire autre chose ». Vous pouvez enchaîner autant de ces conditions spécifiques que nécessaire.

L'instruction else (sinon) exécute un bloc de code particulier lorsque toutes les autres conditions ne s'appliquent pas. Le bloc else doit toujours être le dernier dans une chaîne de blocs if-elif-else.

BOUCLES

- Qu'est-ce qu'une boucle?
- À quoi servent les boucles?
- Qu'est-ce qu'une boucle for?
- Qu'est-ce qu'une boucle while?
- Qu'est-ce qu'une boucle imbriquée?

Une *boucle* est un bloc de code qui s'exécute plusieurs fois. Utilisez des boucles lorsque vous devez répéter des actions plusieurs fois, selon certains critères. Les deux types de boucles sont la boucle for et la boucle while.

La boucle for (pour chaque...) se répète autant de fois que vous le spécifiez, ou une fois pour chaque élément d'une séquence. Par exemple, vous pouvez écrire une boucle for qui s'exécute 100 fois pour répéter une action 100 fois. Il est également possible d'écrire une boucle for qui s'exécute une fois pour chaque élément d'une collection d'éléments.

La boucle while (tant que) s'exécute tant qu'une certaine condition est vraie. Supposons que votre boucle de jeu s'exécute tant qu'une variable jeu_actif est définie à True. Vous pouvez ensuite insérer plusieurs situations dans la boucle qui font que jeu_actif devient False et met fin au jeu. Vous pouvez également utiliser une boucle while pour traiter les éléments d'une collection auxquels de nouveaux éléments pourraient être ajoutés lors de l'exécution de la boucle. Tant qu'il y a des éléments dans la collection, vous pouvez continuer à travailler avec elle. Lorsque la collection est vide, la boucle cesse de s'exécuter.

Une boucle *imbriquée* est une boucle dans une autre boucle. Supposons que vous ayez besoin d'une boucle pour examiner chaque pixel d'une image. Vous pouvez écrire une boucle qui examine chaque pixel d'une ligne et, à l'intérieur de cette boucle, ajouter une seconde boucle qui examine chaque pixel de la colonne en cours pour cette ligne.

MODULES

- Qu'est-ce qu'un module ?
- Pourquoi les modules sont-ils importants ?
- Comment utiliser un module dans un programme ?

En Python, un *module* est un fichier contenant du code. Les modules servent à scinder de gros programmes en portions plus petites pour faciliter la gestion du code.

Les modules compartimentent les programmes complexes. Les programmeurs divisent des projets plus volumineux en différents fichiers, chacun étant centré sur un aspect du projet. Cela facilite l'élaboration de grands projets et la collaboration en équipes : chaque programmeur ne se concentre que sur les modules dont il est responsable.

Pour créer un module, déplacez le code ayant un objectif particulier dans un fichier séparé. Pour utiliser un module et rendre son code disponible, importez-le dans le fichier sur lequel vous travaillez. Vous pouvez importer l'intégralité du module ou uniquement les portions dont vous avez besoin.

ENREGISTREMENT D'ÉTAT

- Qu'est-ce que l'état d'un programme ?
- Qu'est-ce que le format JSON ?
- Pourquoi utiliser JSON pour enregistrer un état ?

L'*état* d'un programme désigne l'ensemble des valeurs de toutes ses variables à un moment donné. L'*enregistrement d'état* correspond à l'enregistrement de ces valeurs afin de pouvoir les récupérer si le programme plante ou si l'utilisateur le ferme.

Une manière courante de sauvegarder l'état d'un programme consiste à écrire les valeurs en cours dans un fichier JSON. La notation d'objet JavaScript, ou JSON *(JavaScript Object Notation)* est un moyen de stocker des données qui est facile à relire pour les programmes. Développé à l'origine pour une utilisation dans les programmes JavaScript, JSON est aujourd'hui utilisé par de nombreux langages de programmation.

Le format JSON peut être lu par les programmes comme par les humains. Certains fichiers de données JSON simples ressemblent à du code Python. Python dispose même de bibliothèques qui permettent de simplifier la lecture et l'écriture de fichiers JSON.

ENREGISTREMENT D'ÉTAT

- Qu'est-ce que l'état d'un programme ?
- Qu'est-ce que le format JSON ?
- Pourquoi utiliser JSON pour enregistrer un état ?

L'*état* d'un programme désigne l'ensemble des valeurs de toutes ses variables à un moment donné. L'*enregistrement d'état* correspond à l'enregistrement de ces valeurs afin de pouvoir les récupérer si le programme plante ou si l'utilisateur le ferme.

Une manière courante de sauvegarder l'état d'un programme consiste à écrire les valeurs en cours dans un fichier JSON. La notation d'objet JavaScript, ou JSON *(JavaScript Object Notation)* est un moyen de stocker des données qui est facile à relire pour les programmes. Développé à l'origine pour une utilisation dans les programmes JavaScript, JSON est aujourd'hui utilisé par de nombreux langages de programmation.

Le format JSON peut être lu par les programmes comme par les humains. Certains fichiers de données JSON simples ressemblent à du code Python. Python dispose même de bibliothèques qui permettent de simplifier la lecture et l'écriture de fichiers JSON.

TESTS

Une fois que votre projet fonctionnera comme vous le souhaitez, il vous faudra un moyen de vérifier que votre code continuera à tourner, même si vous modifiez ce que vous avez écrit et ajoutez de nouvelles fonctionnalités.

L'écriture et l'exécution de tests vous permettront de savoir si votre code fonctionne toujours comme prévu. Ces cartes portent sur quelques outils usuels pour réaliser ces tests.

LE MODULE UNITTEST

- Qu'est-ce que le module unittest ?
- Comment écrire un scénario de test ?
- Que fait la méthode unittest.assertEqual() ?
- De quelles autres méthodes d'assertion dispose-t-on ?

Le module unittest offre des outils de test de code, comme la classe TestCase. Le nom unittest provient d'une notion bien connue des développeurs : les *tests unitaires*. Les méthodes d'assertion (hypothèses avec vérification) de cette classe vérifient que votre code génère des résultats corrects, conformes aux attentes. La méthode setUp() permet d'utiliser les mêmes conditions initiales dans plusieurs tests.

Pour tester une fonction ou une classe, importez le code de test dans un nouveau fichier et créez un scénario de test qui hérite de la classe unittest.TestCase.

Rédigez ensuite des méthodes pour tester le comportement du code. Utilisez ce module lorsque vous modifiez le code, corrigez des bogues et ajoutez des fonctionnalités.

Vous pouvez établir ces assertions dans votre code de test :

assertEqual()	Deux valeurs correspondent.
assertNotEqual()	Deux valeurs ne correspondent pas.
assertTrue()	Une valeur est vraie.
assertFalse()	Une valeur est fausse.
assertIn()	Un élément est dans une liste.
assertnotIn()	Un élément n'est pas dans une liste.

FONCTIONS DE TEST

- Comment écrire un test pour une fonction ?

Voici un test pour la fonction aire_rect() de la carte 6.8 :

```
import unittest
import aire_fonctions as af

class AFTestCase(unittest.TestCase):
    """Tests pour aire_fonctions.py."""

    def test_aire_rect(self):
        """Test d'un simple rectangle."""
        aire = af.aire_rect(3, 4)
        self.assertEqual(aire, 12)

if __name__ == '__main__':
    unittest.main()
```

Importez le module unittest en entier, ainsi que le module à tester. Les noms des classes de test se terminent généralement par TestCase (scénario de test) ; le préfixe indique ce qu'elles testent. La classe doit être une classe enfant de unittest.TestCase.

Chaque test à créer est une méthode. Toute méthode dont le nom commence par test_ est exécutée lorsque le test s'exécute. La méthode test_aire_rect() appelle donc aire_rect() avec les dimensions d'un rectangle, puis vérifie que son résultat est conforme à l'aire correcte indiquée.

EXÉCUTION D'UN TEST RÉUSSI

- Comment exécuter un test pour une fonction ?
- À quoi ressemble un test réussi ?

Pour lancer un test d'une fonction, exécutez le fichier qui contient les tests de cette fonction :

```
$ python test_aire_fonctions.py
.
------------------------------
Ran 1 test in 0.000s
OK
```

Python affiche un point lorsque le test est réussi. Les résultats obtenus pour l'exécution d'un seul test ne sont pas vraiment intéressants, mais ils sont en revanche beaucoup plus utiles pour de longs scénarios de test.

Si le test est échoué, Python affiche un E ou un F indiquant respectivement la présence d'une *erreur* ou d'une *assertion échouée* (*failed*, en anglais).

Une fois terminé, le scénario de test affiche un résumé qui indique le nombre de tests effectués et leur durée d'exécution. Le message OK indique que tous les tests ont réussi.

EXÉCUTION D'UN TEST EN ÉCHEC

- À quoi ressemble un test en échec ?
- Qu'est-il possible d'apprendre d'un test en échec ?

Un test échoue si le code génère une erreur Python ou si une assertion échoue.

Voici un nouvel exemple de test qui a été ajouté dans le fichier *test_aire_fonctions.py* pour vérifier que None est bien renvoyé pour des entrées négatives :

```
def test_entrees_negatives(self):
    """Test des entrées négatives."""
    aire = af.aire_rect(-3, 4)
    self.assertEqual(aire, None)
```

Or ce test échoue, comme en témoigne le résultat :

```
$ python test_aire_fonctions.py
F.
================================
FAIL: test_entrees_negatives
Test des entrées négatives pour aire_rect().
----------------------------
Traceback (most recent call last):
File "test_aire_fonctions.py", line 15:
self.assertEqual(aire, None)
AssertionError: -12 != None
----------------------------
Ran 2 tests in 0.000s
FAILED (failures=1)
```

Un test en échec affiche d'abord un F : le résultat montre la fonction en échec et affiche sa chaîne de documentation, l'instruction assert échouée et les valeurs de l'instruction assert. Le résumé final montre le nombre de tests, leur durée d'exécution et le nombre d'échecs.

CORRECTION D'UN TEST EN ÉCHEC

- Comment corriger un test en échec ?

Un *test en échec* donne la possibilité de corriger un bogue avant que ce dernier ne pose d'autres problèmes.

Nous constatons que la fonction aire_rect() ne passe pas le test test_entrees_negatives(). Pour y remédier, la fonction doit faire exactement ce que le résultat du test décrit : si l'aire est négative, la fonction doit renvoyer None. Voici la fonction modifiée :

```
def aire_rect(l, h):
    """Calculer l'aire d'un rectangle."""
    aire = l * h
    if aire >= 0:
        return aire
    else:
        return None
```

Ainsi, la fonction renvoie None si l'aire est négative. Exécutez à nouveau le scénario de test :

```
$ python test_aire_fonctions.py
.
---------------------------
Ran 2 tests in 0.000s
OK
```

Cette fois, les deux tests réussissent.

Exécutez des tests à chaque modification du code et avant la publication d'une nouvelle version à vos utilisateurs. De plus, ajoutez régulièrement de nouveaux tests correspondant à vos mises à jour du code.

LA MÉTHODE SETUP()

- Quel est le rôle de la méthode setUp() dans un scénario de test ?
- Comment utiliser setUp() pour rendre le code de test plus performant ?

Placez les exigences et hypothèses de test initiales dans la méthode setUp() pour les exécuter automatiquement avant chaque test et rendre le code de test plus efficace et cohérent.

Dans l'exemple de scénario de test (cartes 8.2 et 8.4), nous avons défini les largeurs et longueurs pour chaque fonction de test. Au lieu de cela, vous pouvez définir ces variables dans la méthode setUp(), puis en utiliser les valeurs dans chacune des fonctions de test :

```
class AFTestCase(unittest.TestCase):
    """Tests pour aire_fonctions.py."""
    def setUp(self):
        """Créer largeur et longueur pour tous les tests."""
        self.largeur = 3
        self.longueur = 4
```

Ensuite, la méthode de test devient :

```
    def test_aire_rect(self):
        """Tester un simple rectangle."""
        aire = af.aire_rect(
            self.largeur, self.longueur)
        self.assertEqual(aire, 12)
```

Cette fonction setUp() est courte. Dans un contexte de test réel, comportant des valeurs d'entrée complexes, la fonction setUp() produit un code de test plus efficace et assure la cohérence parmi les nombreux tests.

La méthode get() renvoie la valeur associée à une clé si celle-ci existe dans le dictionnaire. Si la clé n'existe pas, get() renvoie None, sans lever d'erreur.

Vous pouvez aussi passer une valeur par défaut en argument à renvoyer si la clé n'existe pas (suite de l'exemple de la carte 4.1) :

```
>>> capitales.get('CH')
'Berne'
>>> capitales.get('VU')
>>> capitales.get('VU', 'inconnu')
'inconnu'
```

Les méthodes keys(), values() et items() renvoient respectivement l'ensemble des clés, des valeurs et des éléments d'un dictionnaire, ce qui permet aussi de le parcourir :

```
>>> capitales.keys()
dict_keys(['CH', 'GB', 'PL'])
>>> capitales.values()
dict_values(['Berne', 'Londres', 'Varsovie'])
>>> capitales.items()
dict_items([('CH', 'Berne'),
('GB', 'Londres'), ('PL', 'Varsovie')])
```

Choisissez l'une de ces méthodes en fonction de ce que vous souhaitez faire de chaque élément.

MÉTHODES DES DICTIONNAIRES

- Que fait la méthode get() ?
- Que fait la méthode keys() ?
- Que fait la méthode values() ?
- Que fait la méthode items() ?

Un *dictionnaire* est un ensemble d'éléments, dont chacun est constitué d'une *clé* et d'une *valeur*. Vous définissez un dictionnaire en utilisant des accolades :

```
>>> capitales = {
... 'CH': 'Berne',
... 'GB': 'Londres',
... 'PL': 'Varsovie',
... }
```

Pour accéder à la valeur associée à une clé, indiquez le nom du dictionnaire, suivi de la clé entre crochets droits :

```
>>> capitales['CH']
'Berne'
```

Pour ajouter des éléments à un dictionnaire existant, placez la nouvelle clé entre crochets droits et fournissez la valeur :

```
>>> capitales['RO'] = 'Bucarest'
```

Pour supprimer un élément d'un dictionnaire, utilisez le mot-clé del :

```
>>> del capitales['RO']
```

Cela supprime à la fois la clé et sa valeur associée du dictionnaire.